AF423866

CÓMO CONTAGIAR LA PASIÓN A LOS JÓVENES

EL DESAFÍO DE LA GENERACIÓN NI-NI

ALEJANDRO SCHUJMAN

HOJAS DEL SUR

Buenos Aires

www.hojasdelsur.com

Cómo contagiar la pasión a los jóvenes
Alejandro Schujman

1a edición

Editorial Hojas del Sur S.A.
Albarellos 3016
Buenos Aires, C1419FSU, Argentina
e-mail: info@hojasdelsur.com
www.hojasdelsur.com

ISBN 978-987-8916-53-8

Dirección editorial: Andrés Mego
Edición: Silvana Freddi
Diseño de portada e interior: Noelia Pepe

Schujman, Alejandro
  Cómo contagiar la pasión a los jóvenes : el desafío de la generación Ni-Ni / Alejandro Schujman. - 1a ed. - Ciudad Autónoma de Buenos Aires : Hojas del Sur, 2023.
  176 p. ; 23 x 15 cm.

  ISBN 978-987-8916-53-8

  1. Psicología. 2. Adolescencia. 3. Jóvenes. I. Título.
  CDD 155.519

©2023 Editorial Hojas del Sur S.A.

DEDICATORIA

A mi padre,
quien me transmitió
lo esencial de la vida.

A mis hijos,
que me permiten el ejercicio
diario de lo aprendido.

ÍNDICE

AGRADECIMIENTOS

A Beatriz, en su memoria.

A todas las familias que confían en mí para acompañarlos en lo más importante: la gestión de la crianza de sus hijos e hijas.

A la gente de Hojas del Sur, a Andrés por su empuje y a Silvana por su profesionalidad.

A la vida que me ha dado tanto...

ACLARACIÓN DEL AUTOR

En este libro se presenta material clínico que da cuenta de una práctica profesional con niños, jóvenes y padres. La inclusión de este material responde a la necesidad de transmisión de las reflexiones y la elaboración teórica que esta misma práctica permite. Y requiere confidencialidad. Esto hace que en los relatos, los nombres, las situaciones y las circunstancias históricas hayan sido alterados con esa finalidad.

*"[...] todo el cuerpo interviene en el acto de la escritura, el cuerpo
material, macizo, sentado en la silla, sin cesar en movimiento
y acompañado por sus latidos, sus estremecimientos,
sus sobresaltos, al trabajo de la escritura.*

*[...] Escribir es así una especie de traslado en que lo vivido pasa,
a través del tiempo, de un cuerpo al otro".*

—Juan José Saer

ANEXO

La Generación Ni-Ni varios años después, algunas nuevas consideraciones respecto al problema

Han pasado doce años casi desde la primera edición del libro *Generación NI-NI, jóvenes sin proyectos que NI estudian NI trabajan.* Es mucho tiempo pero, en términos de intensidad, en la experiencia personal y profesional, han sido décadas para mí.

Lo que el libro ha generado no deja de sorprenderme y de gratificarme, es por eso que sentí la necesidad de agregar en él algo de lo comprendido y vivido en estos años desde su primera edición.

Este libro trata sobre animarse a crecer, habla de la manera en cómo los adultos podemos ayudar a nuestros chicos a dar el salto primordial para iniciar el despegue al mundo de los grandes.

Comparto con ustedes algo de lo que he sumado a mi entendimiento en esta problemática desde aquel entonces hasta aquí. Los tiempos cambiaron, la esencia es la misma, y nuestros hijos nos precisan, ¡claro que nos precisan!

1. De padres e hijos

He confirmado a lo largo de estos años que la posición de los adultos es central en lo que respecta a nuestros hijos. Los padres somos responsables —no "culpables"— de lo que con ellos acontece o deja de acontecer. Nos miran de reojo, fingiendo una indiferencia propia de su incipiente condición de pequeños adultos, pero somos para ellos una referencia ineludible, y debemos hacernos cargo de este peso. Tenemos que poder tomar las señales que permanentemente nos dejan ver y, al mismo tiempo, formular las preguntas que precisan escuchar, interrogantes que los habiliten a ser quienes digan sus propias palabras.

En las charlas que les doy a jóvenes próximos al cierre del ciclo medio les pregunto:

—¿Quién tiene miedo de lo que va a ocurrir el año próximo después de la finalización del colegio?

Algunas manos levantadas, como banderas a media asta, miradas entre ellos, mientras el resto de los brazos empiezan a levantarse. Reitero la pregunta y tengo como respuesta un sonido macizo, unánime, seguro y reforzado en el alivio de saber que no están solos:

—Yo —dice uno, y luego se suma casi la totalidad de los presentes.

Y cómo no tener miedo, si durante 17 años han vivido bajo el amparo de adultos que los cuidaban, con un despegue progresivo desde el comienzo de jardín de infantes y "de golpe" deben comenzar a ser grandes. Estos jóvenes, en el marco de una charla sobre "Proyecto de vida, animarse a crecer", pudieron identificar rápidamente el miedo, y este "darse cuenta" es la condición esencial para que lo Ni-Ni no se enquiste como las capas de la cebolla.

Esto lo he vivenciado en numerosas charlas en distintos puntos de mi país y en el exterior, y con chicos de diferentes clases sociales. A medida que pasan los minutos de trabajo compartido, y motivados por distintos estímulos de la interacción, van dejando caer corazas hasta llegar al miedo, sentimiento esencial al percibir que no cuentan con las herramientas para sostener el peso de lo que crecer significa.

No va a ser sin miedo que crezcan, no va a ser sin miedo que los dejemos crecer, pero si este miedo se enmascara bajo diferentes camuflajes, como decía "Roberto", personaje del fantástico libro *Dailan Kifki* de María Elena Walsh, "estaremos fritos"[1]. Ciertamente, estaremos fritos si no nos damos cuenta de que lo que nos pasa es básicamente que tenemos temor a enfrentar el porvenir.

Al finalizar los distintos espacios de trabajo con jóvenes, cuando la temática lo amerita, les proporciono un breve cuestionario en donde les pido que enumeren los principales temores relativos al crecer. El *top four* de los miedos es el siguiente:

---

[1] *América Central, Cono Sur, Perú.* Expresión que se usa para indicar que una persona o algo está en una situación muy complicada.

1. A fracasar.
2. A decepcionar a los padres.
3. A no tener éxito.
4. A no poder sostener la economía familiar.

Para pensar:

¿Qué les transmitimos a nuestros hijos desde nuestra mirada como adultos cuando el fracaso, el éxito y el evitarles sufrimiento ocupan tres de los primeros puestos de los cuatro lugares del ranking? Algunas respuestas las encontraremos dentro del libro.

Como correlato, en estos años pude consolidar la convicción de que, del lado de los padres, lo que se impone es *el desconcierto, el temor y, sobre todo, la sensación de no tener recursos para acompañar a los hijos en el problema.*

En los adultos, el miedo al crecimiento de los hijos y la falta de recursos para acompañarlos suelen enmascararse bajo distintas formas. Por un lado, la naturalización de situaciones tóxicas en la vida de nuestros jóvenes. El consumo de alcohol y distintas sustancias psicoactivas sigue creciendo de la mano de una mirada a menudo cómplice y conciliadora del lado de los adultos, quienes minimizan los efectos perjudiciales de estas conductas. Preocupante y peligroso.

Los chicos atraviesan como si no hubiera más tiempo etapas que debieran saludablemente vivir de manera más calma —por ejemplo, en relación a la sexualidad—, y se estancan en situaciones vitales esenciales para el despegue del núcleo familiar: la vocación, el trabajo y, sobre todo, la construcción de un mundo afectivo sólido.

A lo largo de todos estos años, he escuchado relatos sumamente angustiosos de los padres respecto a sus sensaciones y vivencias casi trágicas ligadas al despegue de los hijos. Los temores frente a los peligros del exterior se incrementan por la inseguridad objetiva y como efecto directo de "la aparente falta de recursos de los chicos". Comento una diferencia que he observado desde la aparición del libro a esta parte, dentro y fuera del consultorio, en charlas y conferencias en distintos ámbitos.

En las clases sociales más altas, se advierte una mayor resistencia de los padres a soltar a sus hijos favorecidos por la disponibilidad económica, pero obstaculizando la salida exogámica, con las mejores y más amorosas intenciones. Hay un mayor tiempo de retención porque es posible materialmente que los hijos permanezcan bajo el amparo de los padres, mayor permiso para un año sabático posterior a la finalización del colegio secundario, para postergar de esta manera la toma de decisiones ligadas al crecer. Todo un engranaje a desarmar. Y el argumento muchas veces es:

"Si podemos sostenerlo hasta que esté realmente decidido para encarar su futuro, ¿por qué tener prisa?".

Las respuestas estarán en el desarrollo del libro, pero les daré un adelanto… En ciertos momentos de la vida tenemos que apurar a nuestros hijos por su bien. Apurar desde el contagio de la pasión, construyendo ojos brillantes y mostrándoles que del otro lado de la adolescencia hay cosas interesantes por vivir. Pasión como contracara de la inercia, la abulia y la apatía. Y quisiera aclarar uno de los mecanismos por excelencia para sostener una posición apática, el artilugio de la profecía autocumplida, dado que varios lectores me han pedido que desarrolle más en detalle este concepto que cito someramente en el libro. Aquí lo hago: si un joven no busca trabajo porque está convencido de que no hay opciones en el mercado laboral, permanecerá paralizado. Cuando tenga alguna posibilidad aislada irá, pero con la conciencia de que fracasará en su intento. Y, seguramente, así sucederá. *La creencia refuerza la elección fallida y esto se retroalimenta negativamente.* Certezas que se sostienen como rocas y provocan aquella situación de la que queremos escapar. La profecía se cumple, por efecto de la profecía misma. Ni más, ni menos.

2. El ser Ni-Ni y las clases sociales

Una de las cuestiones más controvertidas con la que me encontré desde la edición de *NI-NI* es la confusión respecto a la implicancia de la problemática en relación a los diferentes estratos sociales. En las primeras páginas del libro dejé asentada mi posición al respecto. Aclaro aquí que esta es mi manera de pensar la problemática, puede haber otras, pero desde mi perspectiva, en las clases bajas, en los chicos cuyas familias se ubican por debajo de la línea de pobreza, con necesidades básicas insatisfechas, no debemos hablar, en general, de jóvenes Ni-Ni. Aquí la cuestión es otra, si bien comparten en muchos casos un factor esencial, la ausencia de entusiasmo —la apatía es una marca de agua en el escenario del mundo de hoy—, pero la génesis de la conflictiva es diferente y las estrategias de abordaje también deben serlo.

A menudo, en la clase media/alta, un movimiento de la posición de los padres es suficiente para destrabar el problema. Cuando lo esencial de la alimentación, vivienda, salud y educación no está presente, las vías de solución se complejizan. Desde esta perspectiva, los planes sociales que —con buenas intenciones, no lo dudo— proveen un subsidio de dinero para que los chicos terminen sus estudios no apuntan directamente al corazón de la esencia del problema de los Ni-Ni. Lo que hacen es intentar suplir una de las patas faltantes a quienes, por carencia de recursos, no pueden finalizar el ciclo educacional para poder intentar finalmente un pasaje al mundo adulto.

En distintas ocasiones, fui consultado en programas de radio y televisión, y mi sensación es que aún no hay un consenso en este punto. Creo que es un debate pendiente que debemos dar para poder así implementar acciones concretas para la prevención y la solución de la problemática juvenil en este sentido. En la misma línea, y en relación a lo que el libro y la problemática generan, me han consultado muchas veces respecto a cierta idea de que la terminología Ni-Ni puede generar un estigma para los jóvenes. Lejos de esto, en primer lugar, lo Ni-Ni no es un estado perpetuo ni una elección tribal, como puede ser formar parte de una cultura urbana. Es una manera de nombrar un conjunto de factores que conforman una problemática particular en el proceso de crecimiento de los jóvenes de hoy en el mundo. A menudo, nombrar lo que ocurre tranquiliza.

En el transcurso de estos años muchas veces me han dicho: "Hablas de mí…, ¿acaso me conocías?", cuando veían de qué trataba el libro. De ninguna manera el término Ni-Ni es despectivo, sino que define una posición frente a la vida para la cual hay salidas. Si primero no definimos el problema, no podremos encontrar soluciones para el mismo.

La Generación "Medapaja" (me da pereza)

Hace un tiempo, en un diario de mi país, escribí estas líneas que quiero compartir con ustedes en esta nueva edición del libro. Mucho tiene que ver, causa o consecuencia, veremos, veremos, después lo sabremos:

"Levante la mano quien tiene una panadería a media cuadra o menos de su casa".

En el marco de las charlas con adolescentes hago esta pregunta, miro a los ojos a quien levanta la mano, juego al chiste de que soy vidente y hago el siguiente planteo: "Supongamos que tu papá o mamá te piden: ‹Mica, ve a comprar el pan›, mientras tú estás en la cama, con el celu y una botella de agua porque hace calor, a lo que respondes: 'me da paja'". Los chicos se ríen, la protagonista pone cara de asombro y explico, a ellos, a ustedes, claro está, que no soy vidente, simplemente trabajo todos los días de mi vida desde hace más de 30 años con chicos y familias.

Estamos criando y creando una generación de **adolescentes apáticos, abúlicos**, en conexión absoluta con los monitores y con escasa conexión a las emociones. Con el acento puesto en los resultados y una dificultad enorme en encarar los procesos.

En los meses de verano, por ejemplo, uno de los puntos de conflicto esenciales es que los chicos pasan días y noches —aunque en realidad de día duermen hasta entrada la tarde— conectados a las pantallas.

No quiero caer en esta cuestión de que todo tiempo pasado fue mejor, porque tampoco lo creo pero, en este punto, cuando yo tenía 14 años, hace apenas cuatro décadas, no había redes sociales ni pantallas, solo teléfonos fijos, si es que funcionaban.

Entonces salía a recorrer las casas de mis amigos, tocaba timbre a ver **quién podía juntarse** para pasar tiempo haciendo algo divertido.

Hoy a los chicos y chicas, con toda la tecnología a disposición como trampolín maravilloso para generar el encuentro, les pasa que **"el exceso de fácil se les hace difícil"**. Horas viendo si hacen algo, chequeando si alguien "pone casa" y, finalmente, cada quien por su cuenta, solos y solas con las pantallas. Chicas y chicos pasan horas conectados a las pantallas.

Al don pirulero, cada cual atiende su juego, o sea, el de la vuelta en círculo alrededor del **no poder concretar**. Cuando les pregunto a mis pacientes adolescentes: "¿Qué onda el finde? ¿Hiciste algo lindo?", muchas veces la respuesta es: **"No armamos nada, nos dio paja"**.

Entre la multitud de las redes sociales, armar un programa de dos o tres les parece poca cosa. Entonces se suelen quedar en compañía de sus teléfonos celulares, muy pero muy aburridos.

Estamos criando y creando, señoras y señores, a la generación del "medapaja".

Escribí hace unos meses acerca del síndrome de álbum lleno, ese **empacho de confort** en los primeros años de vida es la preescuela de esta generación. Hiperfacilitación que se da desde los padres a partir de la creencia de que van a tener ya tiempo para sufrir, entonces ahora no hay límites, que no sufran, y cuidado: los discapacitamos, les quitamos la posibilidad de apasionarse, los dejamos sin la herramienta esencial para adentrarse en el mundo adulto. Lo fácil termina siendo aburrido, y en el plano de lo virtual las cosas suelen ser más sencillas.

En lo interpersonal no es tan simple. Mirar a los ojos no es igual a interactuar en las pantallas. Los chicos tienen una frase que me da ternura y que además es muy precisa. **"Tú eres puro teclado"**, así se refieren a aquellos que alardean en las redes sociales, pero en el cara a cara "arrugan".

Lo esencial es que son hijos nuestros, no salieron de un repollo, son hijos de las generaciones de la comodidad. Lo fácil nunca es bueno, lo bueno nunca es fácil.

Son hijos de padres y madres que responden rápida y positivamente al grito de **"¡Mamá, quiero jugo!"**, mientras juegan a la play en su dormitorio y con aire acondicionado.

Hijos de padres y madres que **se sienten culpables** porque encima que tienen poco tiempo para estar en casa ¿van a poner límites, van a pelear, van a ser antipáticos? Contagiemos ojos brillantes, mostremos que crecer está bueno y que la pasión y el entusiasmo son parte de nuestra vida.

El estudio, otra zona de conflicto.

"Si yo puedo darle los gustos, ya tendrá tiempo de que le resulte difícil la vida", suelen decir algunos padres y madres. Pero la cuestión es que, si no les dificultamos amorosamente el cotidiano, después no tienen recursos para enfrentar los avatares del vivir. Recordemos: estos hijos e hijas tienen bajo responsabilidad nuestra un bajísimo nivel de frustración, **capacidad de espera cero**, y a los 23 años quieren ser gerentes. Y los responsables, no culpables, somos padres y madres. La buena noticia es que podemos hacer más de lo que hacemos, y distinto.[2]

---

[2] https://www.clarin.com/buena-vida/-facilitas-vida-hijo-adolescente riesgos_0_130qnob2.html

Check list de la Generación Medapaja

• No leen libros, estudian del "Rincón del vago", portal de la web con resúmenes listos para "zafar".

• No hacen deportes, juegan al FIFA 2020 en las consolas.

• No hacen programas, salidas ni paseos si no son varios. Ir de a dos a tomar algo es poco, acostumbrados a las multitudes virtuales, menos de cinco no es un número suficiente.

• No caminan, viajan en Uber.

• No completan las carpetas en clase, usan fotos de WhatsApp que les pasan los que sí lo hacen.

• No estudian durante el año, son jugadores de diciembre y febrero.

• No reconocen errores, la culpa es siempre del resto del mundo.

• No recalculan ni anticipan las posibles complicaciones del vivir. Lo que no saben es que en la vida no hay check points *o puntos de guardado, sino que se hace camino al andar.*

Caja de herramientas para la prevención

• Dejemos que nuestros hijos se frustren.

• Permitamos el error sin intervenir directamente.

• No facilitemos el hiperconfort desde la analgesia en el vivir.

• Alentemos actividades por fuera de lo escolar que les presenten desafíos saludables (artísticas, deportivas, etc.).

• Regulemos el uso de la tecnología desde que son pequeños.

• No negociemos ni naturalicemos el consumo de alcohol y sustancias psicoactivas, que son socios perfectos de la apatía y de la abulia.

• Sobre todo, contagiemos ojos brillantes, mostremos que crecer es lindo, y que la pasión y el entusiasmo son parte de la vida.

• Eduquemos pasión, eduquemos los sueños, no la modorra.

• Eduquemos ojos brillantes.

• Eduquemos el esfuerzo, porque sin esfuerzo nada interesante sucede en la vida.

Eduquemos chicos y chicas que no tengan problema en ir a comprar el pan; es más, amasemos pan con ellos, para que entiendan que las cosas buenas son la consecuencia de un proceso y esfuerzo personal, que el pan calentito que tienen en la mesa es el resultado de una elaboración minuciosa y, además, fruto del trabajo de quienes lo compran. No les demos la vida servida en bandeja, porque entonces les "dará paja" salir a pelear por sus ideales y de ser así, ¡triste vida tendrán nuestros hijos!

Pero he aquí el concepto más importante de esa nota:

"Los jóvenes de estas generaciones tienen la pasión intacta, agazapada y presta para encarar la vida tan pronto como los adultos les mostremos el camino".

Nuestra tarea es dejarles señales para que entren al mundo adulto, y las señales que les estamos dejando son poltronas cómodas para que esperen la vida servida en bandeja. Y no resulta, y les quitamos la libertad, porque quedan apresados en las limitaciones que nosotros mismos les ayudamos a construir. Por eso, cambiemos las reglas del juego, armemos bloques de padres que sumen para darles a nuestros jóvenes lo que ellos precisan. Podemos hacerlo, debemos hacerlo. Como digo siempre, una vez más, ¡difícil pero no imposible!

Pequeñas nuevas historias de Ni-Ni

Padres y jóvenes, al sentirse identificados con lo que en las páginas describo, acuden a mi consultorio para recibir una ayuda asertiva que destrabe la situación. Dos historias llamaron particularmente mi atención, y quiero compartirlas contigo.

"Tenemos una hija de 23 años que desde que terminó el secundario no puede sostener nada. Creemos, además, que consume alguna droga. Es brillante, pero no crece, no sabe qué quiere. La vemos triste... no va a cambiar más".

Estas fueron las palabras de un padre que sentenciaba a su hija desde su mirada preocupada y temerosa. Generalmente, los padres que consultan se presentan angustiados, escépticos y con pocas ilusiones. A menudo, son padres presentes, en demasía.

La primera impresión es que esta hija, a quien llamaremos Sofía, no encontraba la puerta de salida hacia el mundo adulto. Sus padres, por otra parte, estaban tan deseosos de que la hallara que no lograban soltarla lo suficiente para que levantara la mirada y tomara el picaporte.

Las primeras entrevistas se centraron en darles pautas para que salieran de la encerrona y pudieran dejar de mirar a su hija con angustia y temor. Lograron hablar con ella, escuchándola como la mujer que era y no como la niña desprotegida que temían que fuera. Planteé como estrategia, y con habilitación de los padres, cerrar el espacio con ellos y abrir uno con Sofía. En primera instancia, la muchacha aceptó dudosa la convocatoria de ser ella quien trabajara en el dispositivo. En un primer momento reprodujo el mismo escepticismo de sus padres:

"Yo necesito tiempo —me dijo—. No creo que el hecho de venir pueda ayudarme, ya creceré".

Me encontré aquí con una jovencita brillante, con un nivel de sensibilidad intenso, y mucho, pero mucho temor. Me planteó que su gran problema era la inconstancia, y que estaba repleta de preguntas que prefería no formularse, ya que no les encontraba solución alguna. Le propuse que pusiera todas estas dudas por escrito para que intentáramos juntos, sin prisa, encontrar las respuestas que necesitaba para despegar de la situación en la que se encontraba. Temerosa, en la segunda entrevista, me ofreció un cuaderno en donde desarrolló prolijamente todas las cuestiones que en su cabeza repiqueteaban y que intentaba acallar con su encierro y su silencio.

Finalmente, decidió enfrentar sus fantasmas y me permitió acompañarla en su búsqueda, lo cual siempre, como profesional, me alegra y reconforta.

Me contó que, efectivamente, en ese momento existía en su vida un consumo moderado de sustancias, pero solo como analgesia a sus miedos a enfrentar conflictos, a encontrarse con sus emociones para crecer y con los vértices de su problema.

Ni bien comenzó a rodar la palabra en el espacio de entrevistas, interrumpió la ingesta de sustancias psicoactivas y pudo sentir que tenía herramientas o, mejor dicho, que podía disponer lentamente de los recursos preexistentes que se camuflaban bajo la máscara de la apatía.

Sofía lentamente fue ganando confianza. Por primera vez en su vida comenzó a trabajar por fuera del ámbito familiar —su único trabajo había sido en la empresa de su padre, en un rubro que poco tenía que ver con su talento en lo artístico—. Logró un empleo en un negocio de diseño y decidió, finalmente, inscribirse en la carrera de Bellas Artes. Su mundo adulto, como un *puzzle*, se iba armando, lentamente tomaba forma, y sus padres miraban sorprendidos cómo esa hija rompía miedos y ganaba batallas, crecía y comenzaba a ser mujer. Se posicionó y se erigió como tal a partir de que pudo dar vuelta sus miedos, ponerlos en forma de preguntas y animarse a hallar las respuestas.

Padres que no dejaban volar, pichona acurrucada en sus miedos..., pero ahora ella vuela, feliz.

"Ayúdame a apasionarme con algo"

Con esta frase cerró su relato Franco, un muchacho de 17 años que les había pedido a sus padres que le gestionasen un espacio terapéutico. Había terminado el colegio secundario, nada sabía respecto de su deseo en lo porvenir, ese que se le aparecía como un fantasma que lo agobiaba.

"No puedo imaginarme nada, cuando intento poner mi cabeza en lo que viene, todo se me pone en blanco, no quiero empezar esta etapa sin nada que me entusiasme. ¿Será que es miedo? ¡Ayúdame, por favor, a poder apasionarme con algo!".

"Seguramente es miedo", pensé, pero al mismo tiempo, tenía la valentía de enfrentarlo, lo cual es el recurso más valioso frente a los temores que vienen necesariamente de la mano de lo nuevo —ya ampliaré sobre esto conforme avancemos en el libro—. Por supuesto, tomé el pedido de ayuda, honrado porque me había invitado a ser parte de esta búsqueda tan particular.

Lo que siguió fue como el meterse en una baulera llena de cosas viejas, nuevas, sin abrir el fantástico camino hacia el encuentro con el "deseo" —entrecomillo porque es una palabra demasiado grande por lo que significa— pero, en este caso, en ese momento de Franco, se trataba de eso.

Hubo una meseta, algunas entrevistas en donde nada parecía ocurrir, todo se le hacía repetición.

Estoy caminando en círculos —me dijo un día—. Parecía que podía, pero me quedé varado de vuelta. No tiene sentido, me harta y me enoja ir y venir, me parece que hasta acá llegué.

Le propuse que soporte el malestar, ¿no es acaso exactamente lo que nos ocurre cada vez que intentamos descubrir algo y cambiar de un estado a otro? Desconfío de un proceso de modificación subjetivo en el que no haya crisis. Si no está presente, se tratará seguramente de "cotillón" y no de un cambio desde el interior.

A regañadientes, Franco continuó su búsqueda. Poco después, a partir del encuentro con un recuerdo infantil, comenzó a avanzar. ¡Esos momentos "mágicos" de las terapias en donde algo se engancha y la rueda sigue girando! Pudo sacarse de encima mandatos y falsas creencias respecto de lo que "debía ser y hacer"; fue capaz de reconocerse en ese niño inquieto que fue y que se disimuló detrás del adolescente tímido y temeroso de los últimos años; logró recuperar algo de sí mismo y adaptarlo a ese momento que vivía. Y lo más importante, pudo rescatar de aquel niño curioso el afán de investigar, por lo que allí fue, rumbo a encontrarse con la espera que la pasión lleva implícita en el camino a ser grande.

En estas dos anécdotas que comparto están presentes dos denominadores comunes, el miedo y la pasión. A medida que avancen en el libro, verán que en el interjuego entre ambos está la llave del problema.

De docentes y alumnos

De la mano de este libro, tuve la fortuna de conocer mucha gente maravillosa durante estos años. En el 2019 di un ciclo de charlas en la ciudad de Neuquén con el auspicio de la cooperativa eléctrica de esa ciudad, CALF. Allí me encontré con equipos docentes de todos los tonos posibles. Participaron 26 colegios, 49 talleres, más de 6000 alumnos como oyentes, ¡una experiencia sumamente enriquecedora! Muchos docentes estaban desanimados, reproduciendo un estado de resignación propio de los adultos en estos tiempos. Pero muchos otros, mantenían la pasión intacta y seguían con toda la intención de cambiar algo desde la trinchera del aula.

La pasión al servicio de la enseñanza

Algo distinto pasaba ahí, el entusiasmo de los alumnos no coincidía con la media de los colegios de mi país, y la respuesta había que buscarla en lo que la institución generaba desde el equipo de trabajo.

En este punto quiero hacer un pequeño paréntesis para contar que, apenas egresado del colegio secundario y habiendo iniciado la universidad, comencé junto a un querido amigo a animar fiestas de niños y adultos. Él me introdujo en el apasionante mundo de la magia, arte que desde nuestras limitadas posibilidades utilizábamos como recurso para las fiestas. Cuando íbamos a comprar los juegos que usaríamos después en nuestro trabajo, nos encontrábamos con la siguiente particularidad: el vendedor —el mago— enseñaba el juego a los posibles compradores y, si este resultaba de su interés, debían decidir si lo comprarían o no. Había un acuerdo implícito: una vez que optaban por comprarlo, el secreto sería develado, y este era el valor del juego. No había vuelta atrás. A menudo, por mucho menos dinero del que se abonaba por el truco, uno podía fabricar el juego en la casa, pero "pieza tocada, pieza movida", como en el ajedrez. Lo que valía era el secreto, más allá de que uno se llevara, junto a él, los elementos que lo conformaban.

En la magia y en la vida, las cosas son absolutamente sencillas cuando por fin sabemos cómo hacerlas, y el arte de educar y criar no son excepciones.

Por supuesto que los docentes pueden contagiar entusiasmo a sus alumnos, como así también los padres a sus hijos. Esto requiere de una convicción que solo se logra en equipo y con un trabajo de persistencia que soporte los embates de la realidad que muchas veces es adversa. Los adolescentes van reaccionando a la distancia desde la que nos paramos los adultos. Siempre que incentivamos el despegue y los motivamos a que generen y proyecten, ellos responden y se apropian. Lo central está, entonces, en ser correas transmisoras para que los estudiantes se atrevan a romper barreras saludables y a experimentar. Ensayo y error, crecer y sumar.

La última mochila que les armaremos

En mi libro *No huyo solo vuelo, el arte de soltar a los hijos,* digo:

Los padres preparamos varias mochilas a lo largo del camino de la crianza. La que nuestros hijos deben llevar al jardín de infantes, la de la escuela primaria, la de la colonia de vacaciones —ese invento cruel pero necesario en las grandes ciudades—, la que llevan a la casa de sus amiguitos cuando van a pasar la noche allí o hay una pijamada, la de las vacaciones, la de ir a la casa de los abuelos... Mochilas para vivir, mochilas para crecer, mochilas para salir al mundo del afuera.

Pero llega el momento, aunque ya sean grandes que deberemos seleccionar amorosa y responsablemente qué poner en la última mochila que les armaremos. Tomemos lápiz y papel, y acomodemos en ella:

- Umbral de frustración, cantidad suficiente.

- Sentido de la responsabilidad, el que precisen.

- Capacidad de decisión, toda la que podamos darles.

- Sueños, ilusiones y ansias en lo porvenir.

- Todo nuestro amor.

Como GPS de sus vidas, los padres debemos ser certeros en gestionarles el camino para que puedan comenzar a ser sus propios garantes [...].

Es tiempo de volar, tiempo de animarse a soñar, de desafiar los miedos, los propios y los nuestros también, porque crecer asusta [...].

Y, en estos tiempos difíciles, con mucha más razón, debemos acompañar y ayudarlos a transitar el momento de dar al salto para volar, entendiendo que crecer es difícil, y que lo ideal y lo posible, a veces, quedan muy lejos uno del otro. *Ni más, ni menos. Difícil, pero no imposible…*

De la tecnología, las redes sociales y las relaciones interpersonales

Se han agudizado en estos años los vínculos virtuales en forma directamente proporcional al temor de correr riesgos en las relaciones con los otros, en definitiva, el miedo a sufrir por amor o por el rechazo de quienes queremos. Hoy se construyen vínculos poco saludables; la relación con los mundos virtuales es cada vez más intensa y la relación entre personas cada vez más compleja. En realidad, los monitores se han transformado en canales casi exclusivos de los intentos de comunicación interpersonales.

En una charla donde el eje era "desconectarse para conectarse", realicé el siguiente ejercicio. Luego de dividir al auditorio en dos grupos (padres por un lado e hijos por el otro), les pedí que escribiesen en forma de evaluación de 360° qué esperaban de los otros y qué creían que hijos/padres esperaban de ellos en términos de comunicarse, en relación a los vínculos.

El resultado, plena coincidencia. Afortunadamente, los dos grupos se "encontraron" en la formulación. Palabras más, palabras menos, esto decían ambos grupos:

- *"Que me mire y me preste atención cuando le hablo".*
- *"Que no esté todo el tiempo metido(a) para dentro".*
- *"Que me dedique más tiempo y se desconecte de su mundo".*

Dos generaciones: hijos —en esta ocasión de primeros años del colegio secundario— y padres —de tres o cuatro décadas de vida—. Los primeros, nativos digitales, conviviendo con nuevos verbos como "wasapear", tuitear", "matchear". Por el otro lado, los padres, nacidos con televisores en blanco y negro, teléfonos con disco numérico y música a casete, pero lo digo y lo diré siempre: a pesar de todo, la esencia sigue siendo la misma…

Brindo por momentos de aparatos apagados y miradas encendidas, ya que en la calidad de los vínculos está la clave para la solución al problema. Gracias por permitirme ser parte del asunto. Ahora los invito a recorrer las páginas de este libro.

Con ustedes, ¡la Generación Ni-Ni!

Capítulo 1

CON USTEDES, ¡LA GENERACIÓN NI-NI!

Lara está creciendo,
a pesar nuestro, sorprendiendo
por lo rápido que pasa el tiempo.
Y, en el horizonte la vejez,
Lara atravesando el túnel de la confusión.
Lara, que no sabe lo que es bueno y lo que no.
Lara pretendiendo
ser más rápida que el viento
y escogiendo solo aquello
que la vida nos regala con placer.
Lara, que se siente triste.
Lara, que se siente rara.
Lara hace equilibrios en el puente que separa
el pasado del mañana,
el pasado del mañana,
el pasado del mañana...

—"Lara", Pedro Guerra

Martes, 3 a. m. Los ojos enrojecidos enfocan el monitor. Las ventanas del sistema operativo del ordenador indican "17 amigos conectados" que interactúan. Solo se oye el sonido del teclado y una respiración algo cansada. Ya es tarde, pero no importa demasiado. Mañana no hay despertador que interrumpa el descanso, ni horarios de universidad que cumplir, ni trabajo en el cual marcar tarjeta, ni nada... Solo un turno con el odontólogo a las 6 p. m. No es gran cosa. El monitor puede quedar prendido un rato más, los ojos todavía resisten. Hay tiempo... Mañana no hay apuro alguno, triste calma la de esta vida.

Mariano tiene 20 años, no estudia, no trabaja, adeuda cuatro materias del secundario y vive con sus padres. Es un fiel representante de una nueva tribu urbana de nuestros tiempos, la *Generación Ni-Ni*. Jóvenes que, en distintos aspectos, pueden ser englobados bajo esta denominación, con particularidades diferentes según regiones y clases sociales, pero con una misma esencia compartida: ni estudian ni trabajan, y dependen del amparo de sus padres. Pichones que no se animan aún a dejar el nido. Jóvenes que se sitúan en las antípodas de la cultura del esfuerzo. El ocio es una de las características más clara de sus vidas. Pero un ocio que está bien lejos, por desgracia, de un estado creativo.

El término *Generación Ni-Ni* surge, según he podido rastrear, hace aproximadamente once años en España, a partir de un trabajo del Instituto Nacional de Estadística, donde en una encuesta sobre la población activa surge que había, en aquel momento, un 6 % de la población apta para trabajar (aproximadamente 710 000 jóvenes) en condición Ni-Ni.

Los Ni-Ni son el resultado de múltiples variables y, en particular, esto se debe a la ausencia de políticas sociales y a las serias dificultades de los padres a la hora de dejar señales y marcar un rumbo. La juventud, desde que el mundo es tal, viene impregnada de idealismo y espíritu combativo. La realidad mundial se encargó de minar estos tesoros, propiciando así una posición de nuestros protagonistas absolutamente egosintónica —esto es que, en concordancia con el yo, no genera mayores conflictos, aparentemente—. Se produce un acuerdo tácito entre familias, Estado, jóvenes y grupos corporativos. En Cataluña, por citar un ejemplo, el presidente de la comunidad propuso ofrecer un subsidio equivalente a un salario mínimo a los menores de 25 años para que puedan capacitarse y así acceder a un empleo. A los menores de 30 años con formación, pero que deseen continuar con ella, se les daría un crédito que devolverían cuando obtuvieran un empleo. Salvando distancias, esto me recuerda las políticas de las autoridades sanitarias europeas que, para hacer frente a la problemática de las adicciones por consumo de opiáceos, sin posibilidades de lograr una remisión de la enfermedad, deciden trabajar en una política de reducción del daño. De esta forma, hay dispensarios donde se les provee a los enfermos jeringas descartables y lugares aislados para que se inyecten, evitando así, de manera paliativa, al menos, la propagación de enfermedades infectocontagiosas y las situaciones de peligro para aquellos que no se drogan.

Hablamos, desde ya, de situaciones de gravedad muy distintas, pero ambas comparten una actitud contemplativa de quienes somos capitanes de esta nave, quienes debemos dar cuenta y respuesta: los adultos, aquellos que ya, supuestamente, hemos crecido.

Las grandes corporaciones también alimentan el fenómeno, y lo hacen *rating*. La cadena de televisión La Sexta difundió hace unos años un controvertido *reality show: Generación Ni-Ni*.

Reunió en una casa a ocho jóvenes, cinco chicos y tres chicas de entre 16 y 25 años, sin proyecto alguno en sus vidas, quienes convivieron durante tres meses asistidos por un equipo de profesionales en salud mental dedicado a "ayudarlos" a recuperar valores y principios. Ellos debían hacer las tareas de la casa, y el esfuerzo sería premiado. Es peculiar esta costumbre de los medios, cada vez más frecuente, de hacer un show con los conflictos que tenemos por delante como sociedad... ¿Te acuerdas cuando hace unos años, en 1998, la película *The Truman Show* era casi de ciencia ficción?

La Generación Ni-Ni es espejo de nuestro tiempo; no son todos, pero son muchos. Según las estadísticas, en Argentina, mi país, en el momento de la primera edición de este libro eran, aproximadamente, novecientos mil jóvenes en esta situación. Hoy no he podido encontrar estadísticas actualizadas. Jóvenes que dicen no tener proyecto alguno por el que se sientan apasionados. "Pasión", menuda palabra he elegido... Su etimología nos dice que proviene del latín *passio*, y este del verbo *patio* (padecer, sufrir, tolerar). Indica lo contrario a la acción, nos habla de un estado pasivo, y tiene su raíz en *pei*, que indica sufrimiento. Una de las acepciones del Diccionario de la Real Academia Española nos dice que es "apetito o afición vehemente a algo". Jóvenes que hoy no quieren esperar, que no se apasionan, todo debe ser "ahora" y "ya".

Generaciones que hicieron historia

Creo necesario introducirte en un breve recorrido por distintas generaciones que nos permitirán una mayor comprensión desde el contexto sociohistórico.

Observemos una sencilla línea de tiempo:

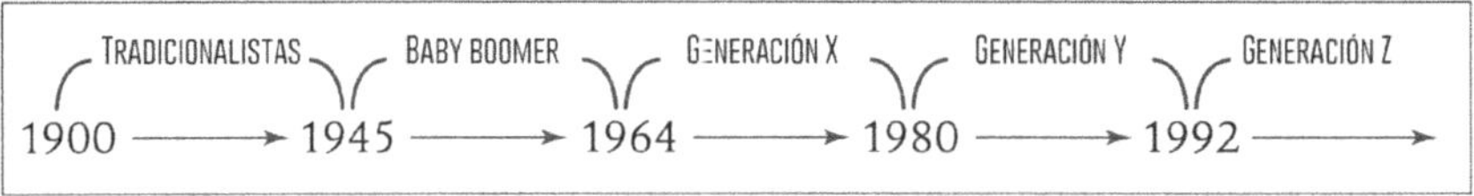

Esta es una de las clasificaciones posibles, aceptada por la comunidad internacional, y la tomo porque incluye dos variables fundamentales en el análisis que realizo: la posición de la persona frente al trabajo y la interacción del sujeto en los distintos momentos de la historia según los canales de comunicación posibles a partir de los avances tecnológicos.

Tradicionalistas (1900-1945): También llamados "leales". Las principales características de este grupo han sido:

- Eran días en los que prevalecía la radio.

- Tenían una fuerte creencia en las instituciones (corporaciones, matrimonio, Iglesia, etc.).

- Practicaban una gran cultura del ahorro; la tendencia era vivir con poco y "guardar para el invierno".

- Su lema era: "del trabajo a la casa y de la casa al trabajo".

Baby Boomers (1945-1964): Término que surge del llamado *baby boom* (explosión de natalidad), que sucedió en algunos países anglosajones tras la Segunda Guerra Mundial. También conocidos como los "competitivos".

- Llega la televisión.

- Son tiempos de superhéroes.

- Esta es una generación marcada por la posguerra, por un clima de construcción y optimismo en las clases media y alta.

- La sociedad de consumo se hace fuerte y crece.

- Emerge la competitividad como motor de las metas.

- Aparecen las grandes marcas, antes eran los genéricos.

Generación X (1964-1980): También llamados los "escépticos".

- En la comunicación reina la televisión por cable y aparecen los ordenadores.

- Las instituciones tienen cada vez menos creyentes; la confianza es en "uno mismo".

- Se triplican las tasas de divorcio; el consumo de drogas se hace más visible.

Generación Y o Milenials (1981-1992): También son nombrados como "los pragmáticos". Quieren vivir a su manera, con una marcada tendencia a tomar riesgos.

- Hijos de los *baby boomers*, quienes crecen en el imperio de la hipertecnologización; su majestad: la Web.

Generación Z o Centenials (1992 en adelante): Generación consumista y pesimista, desconfían del gobierno y su rasgo principal es la impulsividad. Tienen menos educación que los de generación Y.

Quiero aclarar que estas son características que distinguen brechas generacionales, aunque, por supuesto, juega la singularidad y lo propio de cada uno. La Generación Ni-Ni no es una clasificación cronológica que surja de un período determinado, los Ni-Ni son un grupo conceptualizado dentro de la Generación Y y la Z que comienza. Vale pensar que jóvenes Ni-Ni existen desde que el mundo es mundo. El eje constituyente no es témporo-cuantitativo, sino cualitativo. Son hijos de los *baby boomers*, y me animo a aventurar que esta será una generación que trascenderá la barrera de los intervalos del tiempo. Tal como está el mundo, más que una generación, es una tendencia de muchos jóvenes que no logran destrabar cuestiones básicas durante el pasaje a su vida adulta.

Animarse a crecer

Todo proceso que llega a su fin en la línea del crecimiento suele ser acompañado desde lo cultural por prácticas que hacen ruido, que aturden. Quien deja la soltería y contrae matrimonio suele ser "agasajado" por su grupo de amigos con una despedida de soltero en la que será "víctima" de cruentas bromas; una joven que egresa del colegio secundario o la universidad es "homenajeada" por sus compañeros, familiares y amigos con una lluvia de huevos, mantequilla, aceite y aderezos varios sobre su cabeza. El sentido es aliviar o disfrazar la angustia y el miedo que provocan el crecimiento y el paso a la etapa siguiente. La salida de un grupo —estudiantes, solteros, desempleados, adolescentes— conlleva el ingreso a otro nuevo y desconocido.

Miedo y deseo, dos caras de una misma moneda

Llamaremos S. a un joven de 24 años al que trato desde hace ya algunos años. A punto de terminar su carrera universitaria, vive aún con sus padres, trabaja y está de novio hace tres años. No podríamos encuadrarlo en el grupo Ni-Ni. Sin embargo, en los últimos meses, repite en las consultas una frase que define este momento de su vida. Angustiado, una y otra vez, me dice:

"No quiero saber nada". Saber de crecer, de concluir un ciclo, de ser otro distinto a lo que ya es. Tener su diploma es el último paso para no tener más remedio que ser adulto, y esto lo asusta. Ha esperado y se ha apasionado durante casi toda su vida para este momento, pero ¡por favor que no llegue!

No quiere saber nada… Y, sin embargo, ¡vaya que sabe! A menudo le digo —y te digo a ti también—: "Nunca damos pasos más grandes de lo que nuestras piernas pueden estirarse, de aquello para lo que estamos preparados". Verdad de Perogrullo, si tan solo la tuviéramos presente más a menudo… Muchos de nuestros chicos, por no animarse a saber de qué se trata esta aventura de crecer, allí se quedan, atrincherados en la adolescencia. Desconocen que apasionarse es enfrentar los tiempos de los procesos, no solo el resultado como fin en sí mismo. Un viaje se comienza a saborear desde el momento de la elección del destino, desde que comenzamos a soñarlo, ahí emite su primer sonido la sirena del buque que nos ha de transportar. La paciencia hace entonces pareja con la pasión y, en el otro rincón, están la abulia y la apatía. Estos muchachos y estas muchachas viven en un estado de desorientación y, podríamos inferir, en primera instancia que, para que haya desorientación, se necesitan caminos claros a elegir, puntos cardinales que marquen alternativas. Nuestra coyuntura, me aventuro a decir, nos presenta más interrogantes que certezas. En este mundo nuestro, no hay, a mi modesto entender, arribas y abajos, derechas e izquierdas, centros y periferias. Estamos tan globalizados que hemos perdido hasta nuestra propia brújula.

Perdonen los lectores mi visión apocalíptica, ya me iré tornando más optimista con el correr de las líneas. Es propio del ser humano buscar respuestas a los grandes enigmas de la humanidad. Es también parte de nuestra especie disfrazar nuestras imposibilidades como si fueran aquello que realmente queremos y proyectamos.

Imaginemos a un niño regordete que mira extasiado, desde la tribuna, un partido de fútbol que juegan otros pequeños. Uno de ellos se le acerca y lo invita a participar. "A mí no me gusta jugar", dice con el ceño fruncido. Difícil creerle. Podemos inferir que, seguramente, intenta transformar una dificultad —miedo a que lo hostiguen por su gordura, su supuesta inhabilidad— en una elección: "No juego porque no quiero". Niega su supuesta torpeza y sus temores bajo la máscara de no desear.

S. no quiere saber nada, pero su deseo más profundo es enterarse, y lo logra cuando desarma sus miedos y se encuentra con "la chispa", que no es otra cosa que la llama del deseo y el motor del vivir.

Atreverse a crecer, el desafío

Los Ni-Ni pueden aparentar sentirse a gusto en sus zapatos. Me animo a afirmar que no es otra cosa que la comodidad del faquir. El ser humano se acostumbra hasta a una cama con clavos si se convence de que esto es lo que decide elegir.

Los pacientes que consultan —y aclaro que, en estos casos, hay un paso dado: tienen conciencia de que hay algo por resolver— no son becarios gustosos del *dolce far niente.* Eso al menos sería un consuelo. Son pichoncitos asustados que, a primera vista, parecen decir con una arrogancia impostada: "Yo ni estudio ni trabajo porque no quiero". Pero de ninguna forma es así. No arman ni construyen proyectos con sus vidas que vayan más allá de lo inmediato, porque se encuentran en estado de perplejidad. Son "niños y niñas" asustados, grandotes y grandotas con pares de decenas de velitas sopladas en sus pasteles, pero se sienten y viven como pequeños.

A otra joven llamaré M. Tiene 20 años y adeuda seis materias del último año del colegio secundario. Vive con sus padres, no trabaja, está intentando preparar, luego de tres años, los exámenes que le permitirán concluir sus estudios. No le he realizado test de inteligencia alguno, no lo considero necesario. Sin duda, su capacidad le permite con creces dar esas asignaturas pendientes y continuar estudiando lo que quisiese. Por su parte, en el transcurso de una entrevista, me comenta acerca de su imposibilidad de tomar decisiones y llevar a cabo iniciativas propias, lo cual está directamente relacionado con una especial atención que pone en la aprobación de los otros. "Estoy demasiado pendiente de lo que dicen los demás", aclara. Esta joven permanece atenta a la mirada de los adultos, como una pequeñita que mira a su madre buscando aprobación.

Cuanto más pequeños somos, mayor valor y peso tiene el gesto de nuestros padres alentando o desalentando nuestro accionar. A medida que crecemos, vamos alcanzando, si todo marcha bien, responsabilidad y autonomía. Pero no siempre las cosas salen como debieran...

M. está asustada; enfrenta sus estudios y la búsqueda laboral con una tibieza y una actitud timorata que no pueden tener otro origen que el susto, ni otro resultado que el fracaso.

Me recuerda, cuando me cuenta lo que aún no puede, a mi hijo más pequeño, cuando hace mucho tiempo atrás —a sus tres años, creo—, sentado en el borde de una piscina, me decía con carita atemorizada: "Todavía no me meto, papito, tengo frío". No haría menos de 30 °C... Mi pequeño tenía cualquier cosa menos frío. Al cabo de un rato se animó y disfrutó de un refrescante chapuzón.

¡Arriba el ánimo!

Comencemos ahora a desglosar y entender los factores que llevan a este fenómeno, los primeros metros de este camino, en el cual —y aquí comienzo a tornarme más optimista—, sin dudas, hay formas de retomar el rumbo extraviado. Un elemento fundamental en la comprensión de esta nueva tribu urbana es el nivel bajísimo de umbral de frustración de estos jóvenes. Cuando somos pequeños, nuestros mayores nos enseñan que hay que saber esperar, que la fruta tarda en madurar, que sembramos aquello que hemos de cosechar. Si de estas lecciones podemos tomar algo, aprenderemos a manejar nuestra ansiedad, que no es otra cosa que la medida de nuestras ansias.

Podremos también tolerar que no siempre aquello que hacemos rinde frutos, que nos equivocamos, que gozamos, que también fallamos. Si esto no opera, en estos casos suelo encontrar —frente a mí— padres y madres que, queriendo cuidar, sobreprotegen e intentan que sus hijos no sufran, colocan alfombras tapando espinas, sin darse cuenta de que estas últimas son, a la larga, más fuertes y persistentes que la tela del paño con el que pretenden cubrirlas.

Estamos hablando, entonces, del arte de poner límites y de educar. Un límite marca territorio: "esto no se puede, pero todo esto otro sí está permitido", restringe y habilita al mismo tiempo.

Un ejemplo de lo que no nos debe pasar:

Una maravillosa historia, *Charlie y la fábrica de chocolates*, del escritor Roald Dahl, ejemplifica uno de los modelos de crianza que debemos evitar, por la salud de nuestros hijos, ¡y por la nuestra!

La versión fílmica es de Tim Burton, y la protagoniza el genial Johnny Deep como Willy Wonka, el dueño de una fantástica fábrica de chocolates que quiere dar a cinco niños de todo el mundo el regalo de una visita a su imperio, lugar de ensueño y fantasía.

En la recorrida con los afortunados ganadores —en un sector en donde, desde una enorme plataforma, un entrenado grupo de ardillas selecciona las frutas secas que son aptas para el consumo y separa las que no lo son en un caño de desecho—, una de las niñas, Veruka Salt, de familia acaudalada y muy consentida por su padre, exige a su progenitor, desde un balcón en el que observaba el trabajo de los encantadores roedores: "¡Quiero una ardilla!".

El padre mira azorado a Willy Wonka, quien le dice que las ardillas no están a la venta. Contrariado, intenta convencer a su hija de que, con el pony, los guacamayos y algunos otros exóticos animalitos que en su casa habitaban, ya estaba bien; pero la niña hace simplemente un "berrinche", que crece en intensidad y en intención. El señor Salt intenta convencer al señor Wonka con dinero, y este, firme y sereno, reitera que no negocia. Veruka, finalmente, se arroja a la plataforma y es llevada por las ardillitas al tubo de desecho, del cual sale untada con residuos.

En la vida real, cuando somos adultos y nos encaprichamos, las cosas se parecen bastante a la suerte que corrió este personaje. En los niños, la tiranía obedece muchas veces al miedo y a la angustia que genera en los padres decirles que no, y privarlos de algo que desean y por lo que pueden llegar a sufrir. Sin embargo, es preferible que tengan chichones de pequeños y no fracturas expuestas de adultos.

Cuando nuestros hijos arman una escena de berrinche y se tiran al piso gritando, pataleando y exigiendo una golosina en el supermercado que está al lado de nuestra casa, con los vecinos mirando y reprobando, al menos en nuestra imaginación, lo malcriado que es nuestro hijo, no debemos sucumbir a la tentación de resolver la situación rápidamente dándoles lo que piden. Es, literalmente, "pan —o caramelo, mejor dicho— para hoy y hambre para mañana". Lo que necesitan y los alivia es encontrar un "NO" que los ayude a aprender a frustrarse. Nos lo agradecerán de grandes cuando enfrenten situaciones de difícil o imposible resolución. De esto se trata el amor responsable. El límite puesto a tiempo alivia, y vaya que lo hace. Es ponerle palabras al asunto. El diálogo entre padres e hijos es uno de los pilares más valiosos de las relaciones familiares. Cuando la palabra circula saludablemente, cortamos varios de los accesos a los grandes conflictos en el desarrollo de un hijo. Cuando no se habla, surgen síntomas.

Volviendo entonces a nuestra joven niña, en un ejercicio imaginativo, podemos pensar que Veruka Salt sería hoy posiblemente una joven Ni-Ni... Planteo como primera hipótesis que este fenómeno de la Generación NI-NI no es otra cosa que un síntoma emergente de lo no resuelto en este mundo nuestro. Es consecuencia de generaciones que fueron invirtiendo valores esenciales del ser humano y alejando cada vez más el sentido de la vida. Verdaderos comportamientos individualistas sostenidos en el principio de "cuanto más tienes, más eres".

Ingredientes para el armado del ser Ni-Ni

No es el grupo Ni-Ni un fenómeno aislado, sino la consecuencia de diversas variables que interactúan entre sí:

- Muchos de estos jóvenes han crecido junto a padres que vivieron para trabajar con un dudoso criterio de la felicidad. No quieren eso para ellos. No hay apuro en ser mayor. Ya es bastante con padres cansados. El formidable Quino, en su tira *Mafalda*, refleja la desazón de la protagonista cuando, abriendo la puerta a su padre luego de la jornada laboral, reclama angustiada: "¡Uno manda todos los días un padre para que le devuelvan ESTO!".

- El creciente imperio de la tecnologización: "Su majestad los monitores" genera maravillas, pero también trae problemas. (Dedicaré un capítulo entero para pensar sobre todo esto, pero adelanto que la multiplicidad de universos virtuales va en todo desmedro de la construcción de uno real y propio).

- El fenómeno Ni-Ni se ve acompañado por una epidemia de solos y solas; la generación de los ochenta ha creado nuevos modelos vinculares. Miles de hombres y mujeres que Ni están solos Ni están en pareja. Nuevos modelos que intentan dar nombre a las dificultades cada vez mayores de encontrarse con el otro. Sobre esto también nos detendremos en profundidad más adelante. Aquí es menester comenzar a diferenciar a los jóvenes de clases media y alta de los pertenecientes a grupos sociales más humildes. En los sectores de menores recursos, se construye un círculo vicioso que responde al mecanismo de "la profecía autocumplida". Las urgencias económicas suelen dificultar los procesos educativos. Los chicos comienzan a detenerse y demorarse habitualmente en el desarrollo de la escuela secundaria, intentan buscar trabajo y, si lo consiguen, es subemplearse, en el mejor de los casos, por su corta edad y su falta de formación y experiencia. Esto los desalienta; fracasan definitivamente en los estudios; la búsqueda laboral se hace más ardua, ya que quedan prácticamente fuera del mercado laboral. Lejos de capacitarse, se discapacitan; en estos casos, los peligros —consumo de sustancias psicoactivas, delincuencia, marginalidad— se incrementan.

No hay aquí padres pudientes que sostengan la demora en el crecimiento. No hablo en estos casos de jóvenes NI-NI, sino de hombres y mujeres en situación de exclusión social.

Resumiendo

Un hecho social es similar en su desarrollo y comprensión al proceso de investigación de una pandemia. Cuanto más se sepa sobre agentes bacterianos o virales, más elementos tenemos para encontrar una vacuna o un tratamiento eficaz. Para entender un fenómeno hay que saber de qué está hecho, desmenuzarlo, preguntarnos sobre lo que parece ser unívoco.

Debemos esbozar respuestas, generar herramientas para padres y educadores, y para los mismos jóvenes. Por ello, me propongo, como profesional de la salud mental y como padre que soy, intentar desde aquí la tarea de abrir el debate y el interjuego para poder llegar lo más lejos que se pueda en la comprensión de este momento de nuestra historia, cuando parece ser que nuestros jóvenes están en apuros.

Frente a la posición escéptica antes descrita, cuento un episodio extraído de la más absoluta cotidianidad para manifestar mi posición ambigua respecto de la situación. Lo macro es una mole ardua de mover; en lo micro, en nuestro círculo más pequeño, soy sin dudarlo un optimista empedernido y obstinado. Si modificamos cosas pequeñas, como hormiguitas, algo podremos lograr..., lo que no es poco.

En una clínica en la que trabajé años atrás, el punto de encuentro de los profesionales en los momentos de descanso era una pequeña y cálida *office* en donde, entre otros elementos, contábamos con una cafetera eléctrica para proporcionarnos una infusión reparadora. Un día, la jarra de la cafetera se cayó y se rompió. Un colega trajo otra de su casa, una a la que no daba uso, y la colocamos en lugar de la faltante. El problema se presentó cuando nos percatamos de que el café no bajaba: la jarra actual era más baja que la anterior y no accionaba un mecanismo en la base del portafiltros que, al apretarse, hacía que el líquido cayera en el recipiente. El ingenio de otro colega logró resolver la cuestión: con la parte cóncava de una cuchara, hizo presión en la base del artefacto y, rápidamente, cual si fuera un ordeño, el café se derramó en la jarra, humeante y listo para beber. A los pocos días, compramos una jarra acorde al modelo de la cafetera. Espero ser lo suficientemente claro en esto, la tecnología no es mi fuerte. Es menester explicar rápidamente el porqué de esta anécdota en el contexto de esta obra.

Cuando nos abocamos a la tarea de ser padres y nuestros hijos a la de crecer, el secreto del éxito está en descubrir dónde está la "cucharita" que destrabe el punto de atasco. Muchas veces, cuando los niños son pequeños, está en manos de los padres; cuando crecen, son ellos mismos quienes deben lograrlo. Las herramientas están siempre, solo hay que saber usarlas.

Capítulo 2

SEGÚN PASAN LOS AÑOS. EL LARGO Y SINUOSO CAMINO A LA ADULTEZ

"Que nos suelten las riendas, pero nunca las manos".
—Pedido de una jovencita de 17 años a sus padres.

La llegada de un hijo…

¡Felicitaciones, es un hermoso niño!

Será futbolista, será bailarín, será doctor, será cantante… Será feliz. Se hace camino al andar.

Si pensamos la vida como una escalera, imaginemos y definamos los primeros peldaños: el camino que va de la endogamia (*endo:* dentro y *gamia:* familia) a la exogamia (*exo:* fuera), la senda del crecimiento, la del desarrollo hacia la adultez.

Es mi intención, en este capítulo, el que pongamos en común algunos términos que permitirán a los lectores una mayor comprensión y un más amplio análisis de las ideas que aquí exponemos. Hay conceptos fundamentales que me gustaría compartir para transitar juntos el recorrido a través de estas páginas.

Es mejor prevenir que curar cuando se trata de la construcción de categorías fundamentales en el crecer. Hablo del umbral de frustración, el sentido de la responsabilidad y la capacidad de decisión. Todas ellas categorías que se construyen desde el momento del nacimiento y en las que, una vez más, padres, madres y demás adultos de la familia somos un elemento central.

Defino el primero: **el umbral de frustración es la capacidad de soportar que las cosas no salgan como esperamos**. Tener un techo más alto permite una mayor capacidad de intentarlo una y otra vez sin sentir que el mundo cae sobre nuestras cabezas.

Hace varios años comencé a tratar a un pequeñín de seis años, muy inteligente, pero con escasísimas posibilidades de soportar sus propios errores; sufría mucho cada vez que se equivocaba. Solía romper con furia sus dibujos ante cada trazo que no resultaba a su antojo. Luego de un tiempo de trabajo juntos y con sus padres, concluimos el tratamiento y, en el último encuentro, me obsequió un hermoso presente. En un precioso marco, con un dibujo dedicado para mí en un vértice, colocó un examen suyo que fue reprobado en el colegio, "por el que no lloré ni me enojé". Todo un símbolo de prueba superada.

La exigencia que la mirada de los adultos impone sobre los niños es un indicador y condicionante de una mayor o menor tolerancia a la frustración. En realidad, facilitarles a los hijos la intuición y la percepción de que no siempre las cosas son como queremos es necesario desde los primeros momentos de vida. Si un recién nacido llora —y, por supuesto, lo hace saludablemente, ya que es la única manera de expresar hambre, sueño, dolor, y demás sensaciones y necesidades— y los padres angustiados acuden raudos a alzarlo o lo llevan a la cama grande sin dudarlo —y dejo para otro momento las teorías del apego—, crearán un hábito que luego será muy difícil de modificar, y que será el causante de un nada plácido insomnio crónico para adultos. Sugiero que, bajo el imperio del sentido común, cuando el llanto responde a un pataleo —y esto deberá ser decodificado por los adultos—, resulta necesario que los jóvenes padres controlen el deseo de calmar inmediatamente la necesidad del bebé y permanezcan cerca, hablándole y acariciándolo.

Un par de décadas después, la escena podría repetirse con una jovencita gritando con todas sus fuerzas porque ella quiere ese vestido que vio en el shopping y por el que además tiene un descuento por pago con la tarjeta de crédito y dieciocho cuotas sin interés. La firmeza, si es que el vestido no está al alcance de la familia, será tan necesaria como aquella de antaño para lograr que la pequeña "acepte" dormir en su moisés o que desista de ese costoso capricho.

Imaginemos a un adulto haciendo una pataleta en su oficina para pedir un aumento de salario. Seguramente, será retirado por personal de seguridad; no habrá ni abuelos ni padres que lo rescaten y le resuelvan el problema. Si les preguntara a partir de qué momento comienza a ser imprescindible el ejercicio de la responsabilidad en los hijos, muchos responderán que a partir de los 4 ó 5 años, cuando estos comienzan a ordenar sus juguetes y a colaborar con algunas tareas de la casa. En realidad, veremos que debe serlo desde mucho antes. **El sentido de la responsabilidad** también es un valor que se debe ejercitar y transmitir desde que los niños son muy pequeños; la exigencia se irá adecuando, claro está, a los distintos momentos del crecimiento. Naturalmente, la responsabilidad debe ser mayor a medida que el tiempo pasa.

Un niño de 2 años comprenderá qué se le está indicando cuando el adulto le diga "no" a algo que pide. Uno niño de 5 años podrá ordenar sus juguetes. A los 7, podrá colaborar en alguna pequeña tarea de la casa. A los 10, ya estará listo para organizar sus actividades escolares. Saltando años, un adulto joven —población que nos ocupa— podrá elegir, decidir un proyecto de vida que contemple trabajo, estudios, un mundo afectivo sólido e independencia de los padres.

En todas las edades, y esto es invaluable, el amor responsable tiene que ver con el cuidado de nuestros afectos y de los que queremos. Somos responsables de lo que nuestras conductas generan en los otros. Cuando nuestros hijos son muy pequeños, desligarlos de toda responsabilidad no ayuda. Años más tarde vemos a padres y a madres con furia lidiar con sus hijos cuando estos se resisten a tomar activamente el rol de ser protagonistas.

Existen situaciones aparentemente insignificantes que son precursoras de conflictos de gravedad. Por ejemplo, el "¡Mamá, tráeme jugo!", cuando la edad del hijo no solamente habilita que se lo sirva por sus propios medios, sino que, además, está capacitado para ir al supermercado y, en ocasiones, para ser empleado por la fábrica que lo produce. En el otro extremo, si les damos todas las tareas de golpe, será en vano, frustrante para ellos y para nosotros. Pensemos en cualquier proceso de aprendizaje: no aprendemos ecuaciones antes de saber contar hasta diez.

El proceso es gradual y va de lo sencillo a lo complejo.

Esto, que es puro sentido común, apliquémoslo a la crianza de los niños.

La capacidad de tomar decisiones es fundamental como capital en la vida adulta y, como en los casos anteriores, se construye desde muy temprano. Desde ya que hay cosas que deberemos decidir por nuestros hijos, y escalonadamente ayudarlos a que sean sujetos autónomos y seguros. Este proceso también es de menor a mayor. He visto madres que le eligen qué ropas deben usar sus hijos que ya se afeitan. Observo en consulta muchos jóvenes con grandes dificultades para tomar pequeñas decisiones y, entonces, permanecen en su zona de confort, sus sillas con un *multichat* funcionando, mientras la indecisión predomina. Hasta el fin del colegio secundario, en las grandes cuestiones por definir, el camino viene señalizado por el afuera: jardín de infantes, escuela primaria, colegio secundario, estudiar inglés, algo de música o un deporte... Pero luego, la situación cambia. Como adultos debemos detectar qué desean, para darles así el lugar que necesitan para expresarse y sentirse escuchados. A esta altura, las actividades no serán de acuerdo a la preferencia de los adultos, sino a la de ellos. A menudo, esto no es fácil.

Al salir de la escuela secundaria, comienzan los grandes nudos, la desorientación vocacional, la angustia y la parálisis. Este es un punto decisivo en la génesis de todo Ni-Ni. Si logran pasar esta valla y encarar entusiastas y decididos la recta que los lleva a la adultez —aun a riesgo de equivocarse—, algo bueno habrán logrado. Entonces, todos estos valores son un tesoro invaluable al momento de salir a la vida adulta; sin ellos, imaginarse el despegue del "hogar, dulce hogar" es tarea casi imposible. Es como adentrarse en la jungla con un mondadientes como arsenal para combatir las fieras.

El tener o no este capital —que a menudo es mucho más valioso que cualquier bien material— puede hacer la diferencia entre un joven decidido y proactivo, y otro temeroso que, a la manera de los pequeños, se acurruca entre las frazadas y pide a su madre "Déjame unos minutitos más, que estoy calentito y afuera hace frío". Darles entonces este primer triángulo es el mejor legado que podemos dejarles.

Paso en limpio, tomen lápiz y papel:

- *Umbral de frustración*

- *Sentido de responsabilidad*

- *Capacidad de decisión*

Y el camino a un mundo adulto con chances de intentar ser felices será mucho más sencillo.

Y cómo pasa el tiempo que, de pronto, son años...

Los hijos crecen rápido, mucho más de lo que los padres podemos apreciar a veces. Y los seguimos viendo pequeños cuando ya están en condiciones de dar saltos más grandes de lo que nosotros, los adultos, podemos ver. Pero hay ciertos parámetros que son claves para entender los distintos momentos del desarrollo. Ahí vamos.

Simbiosis materno-infantil

Al principio, solo dos: madre-hijo; "los de afuera... son de palo". Por favor, no ofenderse papás, tíos, abuelos y demás familiares, pero para el recién nacido no hay "nada como la madre".

En el momento del nacimiento se establece la "simbiosis madre-hijo". Al nacer, se corta un primer cordón umbilical, y habrá que trabajar con bastante más dificultad con un segundo cordón, que puede tardar varios años en ceder. En esta etapa es importante que el bebé y la mamá estén bien pegados, para luego poder separarse adecuadamente. Una señal intensa tiene lugar aproximadamente a los 8 meses; el niño comienza a experimentar una intensa angustia cuando pierde de su campo visual a la madre, y empieza a sospechar que "son mucho más que dos". De esto se trata **"la angustia frente al extraño".** La percepción de que hay otros da cuenta de que el mundo es más amplio de lo que parecía, lo cual angustia, asusta y es una nueva pérdida. **Perder para poder ganar,** esta parece ser la esencia de la vida. Si esta simbiosis se prolonga, pueden ocurrir cosas como esta: un niño de 6 años, cuya madre sufría de cefaleas crónicas, dibuja en el consultorio una cara dolorida y dice: "Me duele la cabeza de mi mamá". Todo mezclado, ¿no? Como dicen las maestras de jardín de infantes: "A guardar, a guardar, cada cosa en su lugar".

Tranquilos, mamá ya vuelve

En una de sus tan maravillosas observaciones, el padre del psicoanálisis, Sigmund Freud, jugando con su nieto de un año y medio, descubre un juego repetitivo en el que el niño arrojaba lejos pequeños objetos y exclamaba un "¡Oh!" que, según la interpretación de Freud y de la propia madre del pequeño, reemplazaba al *fort* —en alemán, "se fue"—. Luego, complementaba el juego con un carretel de hilo con el que, cuando lo regresaba hacia sí, exclamaba, con júbilo, *¡Da!* —"acá está"—.

Tristeza en la despedida, felicidad en el reencuentro. El mecanismo que el doctor Freud analiza podemos verlo claramente en un juego habitual entre padres y bebés: "¡No está! ¡Acá está!".

Lo que el niño intenta elaborar es la separación con los padres y, sobre todo, que aquellos que se van, vuelven. La desazón al esconderse... La euforia al aparecer. Si este mecanismo no se aceita, tendremos hijos que años después no podrán realizar los movimientos necesarios para poder dejar a sus padres y armar sus propias historias.

Hace unos años vi una publicidad que mostraba a tres hermanos conversando en una mesa en la boda de la hermana. Planteaban su preocupación por la suerte de sus padres ahora que ellos habían dejado el hogar de crianza. Lejos de llorar por el nido vacío, los padres aparecían en la siguiente escena chapoteando y tomando champaña en una pileta de lona que habían colocado en una de las habitaciones que había quedado vacante. Parecía que esa familia estaba pudiendo despegarse. El crecimiento de nuestros hijos nos da siempre, si podemos y decidimos tomarlo, el tiempo suficiente para poder acompañar los distintos momentos del desarrollo sin sucumbir en el intento. Pensemos solamente que la mayoría de las aves necesitan entre uno y cuatro meses para ser independientes y autónomas; el ser humano requiere de aproximadamente dos décadas, en el mejor de los casos. Y esta es la clave de este libro.

Es un mundo difícil para criar a nuestros hijos; hostil y complejo, asusta de verdad y nos hace sentir a veces que nunca van a estar como en casa.

Acompañar el crecimiento de los hijos es una de las cuestiones más maravillosas y a la vez difíciles que nos depara la vida.

Es importante aclarar que los momentos evolutivos no son compartimentos estancos, sino que se van incluyendo unos dentro de otros, como un edificio de vanguardia espiralado al que le vamos agregando pisos. Cada uno incluye al otro y a la vez supera el anterior. A lo largo de la vida, los niños deberán ir desprendiéndose y perdiendo distintos tesoros para poder hacerse de otros. Diferentes destetes que son pequeños duelos: la lactancia, el chupete, el biberón, los pañales, los ositos, el cuerpo infantil que también es vivido como pérdida en la pubertad... Digo, entonces:

*"Nuestros hijos podrán desprenderse
de aquellos trofeos que los ubican en el lugar de bebés
solo cuando nosotros, como padres, estemos en condiciones
de sostenerlos en cada uno de los pasos necesarios de ese proceso".*

A menudo los hijos se "detienen" en el proceso de maduración, retrasan el comienzo del habla, tardan en dejar los pañales o no se adaptan al jardín de infantes, y "de repente" algo se activa. En muy poco tiempo resuelven lo que estaba "atascado" y siguen su marcha del crecimiento. Todos estos procesos son precursores de lo que más adelante detiene la evolución e instala en una meseta a los jóvenes temerosos. Por eso, en muchas ocasiones, la tarea es con los adultos, orientándolos y animándolos. Son nuestros miedos, por momentos, los que retienen a los niños en una situación de "no crecimiento". Estos temores están en sintonía con los de ellos o, mejor dicho, los de ellos suelen ser espejo de los nuestros.

A la niñez le sigue la latencia, en la que los recuerdos y las vivencias de los primeros años son sepultados por un fenómeno denominado desde la psicología como "amnesia infantil", que es una manifestación totalmente normal y esperable en la evolución de un niño. Estas representaciones son enviadas por este mecanismo inconsciente a un "sótano" del aparato psíquico que marca el inicio de esta nueva etapa en el desarrollo psicosexual. En esta, que va aproximadamente desde los 6 hasta los 9 años

—recordemos una vez más que los tiempos evolutivos son variables—, la marca principal es la indiferencia y, a veces, el encono hacia el otro sexo. Es el momento de: "los nenes con los nenes y las nenas con las nenas". Entonces, es común que los niños, frente a escenas románticas de una pareja adulta —por ejemplo, en una telenovela—, tengan como correlato expresiones del tipo: "¡Qué asco!". Ya se les pasará.

El escalón siguiente en esta historia de crecer es movilizado por el comienzo de una revolución hormonal, con grandes cambios en lo emocional y lo físico. Entramos en la pubertad. Estos cambios son vivenciados con un cierto grado de angustia y miedo. Aquí abro un paréntesis y digo: Estudié mi carrera en la Universidad de Buenos Aires, comenzando en el año 1983. De lo que en aquel entonces aprendí hasta acá, puedo concluir que *las etapas evolutivas en la infancia comienzan cada vez más temprano y terminan cada vez más tarde*. Púberes y adolescentes precoces y, como consecuencia del mismo fenómeno, la salida de la adolescencia y la entrada a la adultez temprana se demora. Al mismo tiempo, y este es un dato que suma, el aumento de la longevidad ayuda también a que la entrada a la tercera edad se postergue. En esta sociedad, la fuente de la juventud eterna es el tesoro al otro lado del arcoíris y esto no es sin consecuencias.

Cuántas veces escucho en mi consultorio padres y madres orgullosos que bromean con "las gracias de sus hijos".

Cuántas veces oigo adultos perder el norte de lo esencial en el acompañar a los hijos en el camino del crecer.

- ***"Tiene ocho años y me enfrenta como si tuviera quince… ¡La que me espera!".***

- ***"Discute como si fuera un adulto, va a ser buen abogado".***

- *"¡Prepara la escopeta para cuando la nena llegue a los 15!".*

Carreras contra el tiempo, estimulando logros que llegan temprano en la marca evolutiva, pero que arrastran etapas que no son vividas. Niños sobreestimulados, recibiendo un flujo de información mucho mayor del que pueden manejar. El resultado: la precocidad que se celebra en los primeros años de vida se sufre en las etapas que siguen. Los padres y madres se embelesan con la precocidad de sus hijos, y después no saben qué hacer con el Frankestein que ellos mismos crearon.

Hijos precoces, padres apurados

Los chicos hoy van muy rápido en cuestiones en las que deberían ir lento, y se atoran en otras en las que deberían tomarse un tiempo, respirar y disfrutar el viaje. Montaña rusa acelerando la entrada a la pubertad para después quedarse sin nafta para entrar en el mundo adulto. La escalera continúa con un trampolín hacia la tan temida adolescencia, de inicio cada vez más temprano y salida cada vez más incierta y tardía…

Digo nuevamente, el inicio de las distintas fases del desarrollo se acelera, pero se demora de manera preocupante la salida de los últimos estadios. El de la adolescencia se estira cada vez más; comienza de manera clara y se va corriendo hasta a veces quedar entre penumbras. Este fenómeno es causa-efecto de la formación de Ni-Nis. A esto se suma una serie de factores diversos: un mundo cada vez menos contenedor, una macroeconomía cada vez menos amigable, y otros que tienen que ver con la singularidad de cada joven y de cada núcleo familiar. Si esto sucede, es momento de, una vez más en la vida de nuestros hijos, tomarlos cariñosamente del hombro y darles la seguridad necesaria de que, con las herramientas propias, ya pueden volar.

Que vistan ropa de grandes cuando sean grandes, que hablen como niños cuando lo son; no los disfracemos, porque el costo no es menor y los exponemos a riesgos complejos, entre otros a crecer de golpe para después clavar los frenos y no poder avanzar. En la línea de salida, cuando ya tienen 17 años y necesitan pasar al mundo adulto, quedan atorados, dado que les es imposible construir proyectos individuales ligados al trabajo, a la educación y al mundo afectivo. En este "crecer montaña rusa" no han logrado adquirir las herramientas necesarias para lo esencial y, una vez más, lo URGENTE tapa lo IMPORTANTE.

Crecer de golpe es una triste y peligrosa manera de crecer.
Y de algunos lugares no se vuelve.
Somos responsables, somos adultos, somos los padres y madres.
Hagamos las cosas bien. Podemos hacerlo. Debemos hacerlo.

El arte de poner límites, el delicado equilibrio entre la firmeza y el afecto

Uno de los mecanismos más complejos de la paternidad es la instrumentación de los límites en la crianza. "Es una ciencia", solía decirme una madre con un dejo de preocupación frente a las dificultades que se le presentaban con sus hijos.

En los grupos de padres, este suele ser el punto más complejo y sobre el que con más intensidad debemos trabajar: ellos en la trinchera y el analista en la orientación desde el consultorio.

Suelo contarles, no como receta, pero sí como un aprendizaje importante que adquirí y transmito, la siguiente experiencia. Hace casi 30 años —que no son nada, pero tampoco es un número como para desmerecer—, comenzaba en mi vida profesional una etapa tan apasionante como compleja: el trabajo en la rehabilitación de pacientes toxicómanos. Luego de algunos años de fogueo, surgió el desafío. Ingresé como coordinador a un dispositivo de hospital de día, tratamiento que renueva la convivencia de ocho horas diarias con los pacientes. Primer día en la comunidad, entré al salón de reuniones, apoyé mi portafolios en una mesa y me presenté. Los pacientes, de una edad promedio de dieciocho años, me recibieron con la desconfianza lógica de quien ha sufrido mucho e inmerecidamente en la vida. Un rato después, me levanté para buscar algo en mi maletín; me dirigí a la mesa donde lo había dejado, y ya no estaba allí. Nervioso, pregunté a los pacientes por él, si acaso alguno sin querer lo había guardado en otro sitio. La respuesta fue negativa. Luego, una búsqueda infructuosa, hasta que, apenado por mi desasosiego, uno de los pacientes se me acercó y por lo bajo me susurró, intrigante: **"Doc, fíjese en el refrigerador"**. Ahí me dirigí. Efectivamente, en esa heladera industrial donde se acopiaban los alimentos para los chicos, estaba mi portafolios. Como en el colegio, los reuní en círculo de nuevo, expliqué lo sucedido, y pregunté quién había sido. Uno de los pacientes más grandes, de 20 años, se levantó y dijo: "¡Me hago cargo, fui yo!". Luego me explicó, en una breve reunión, que "así son las cosas en este lugar", como midiendo fuerzas conmigo y diciendo que ese era "el derecho de piso". Decidí, después de consultar con mi equipo de trabajo, separarlo momentáneamente del dispositivo de tratamiento y derivarlo a una instancia previa de precomunidad. Al tiempo, fue reincorporado al hospital de día; luego se formó como operador terapéutico y, posteriormente, trabajamos juntos durante un largo y productivo período después de aquel comienzo "accidentado".

En aquel entonces me planteé que lo que allí se jugaba era cómo manejar, nada más y nada menos, el tema de los límites y el encuadre en una población en la que la trasgresión era moneda corriente, así como la esencia de la enfermedad misma. A partir del mecanismo de ensayo y error, y aprendiendo de quienes en ese entonces tenían más experiencia que yo, fui buscando e intentando encontrar ese sutil equilibrio, el que permite manejar las situaciones más delicadas sintiendo que es uno el que está a cargo, el piloto, el que lleva sobre sus hombros la responsabilidad de lo que acontece... **el equilibrio entre la firmeza y el afecto.**

Cuando algo se complicaba en el grupo, se imponía caminar por el parque con quien necesitaba de cuidados y que un límite fuera puesto... ¿De qué manera? En el más suave tono de voz posible —los gritos y golpes son resultado de la impotencia del adulto—. Estaba tratando de ayudar a alguien que tenía serios problemas, pero eso sí, con toda la convicción de que mis palabras eran inapelables, en primera instancia, y con la salud de mis pacientes no se negociaba; así las cosas se encauzaban. La prueba de que estaba por el camino correcto la tuve cuando uno de los pacientes más antiguos, dándole una bienvenida a un compañero nuevo, le aconsejaba: "A Ale lo vas a ver muy tranquilo siempre, pero si te dice que no, no insistas". Difícil, ¡pero llegué! Esta experiencia me ha servido enormemente a lo largo de toda mi vida. Siempre planteo que, más allá de los libros, los pacientes y los hijos son los principales maestros, solo hay que saber escuchar.

¿Qué debemos tener en nuestra caja de herramientas al momento de plantear los límites con nuestros hijos? Recordemos que:

- **No somos bomberos que tenemos que apagar incendios, no nos sumemos a la ansiedad y la premura de nuestros hijos.** Si no tenemos claro si debemos o no dar un permiso, podemos tomarnos un tiempo razonable para pensar y decidir.

- **Los gritos son la impotencia de no saber qué hacer.** En sesión, un pequeño me contaba que su madre le gritaba mucho. Al preguntarle qué le decía, me contestó: "¡No sé! Grita, no le entiendo... ¡Es ruido!".

- **Mantengamos, a la hora de decir no, un tono desde el amor que sentimos por nuestros hijos y no desde la bronca que genera la situación.** Esto no quiere decir que no tengamos que recurrir a algún mantra cada vez que ponemos límites.

- **Nunca amenacemos con lo que no vamos a sostener después.** Perdemos credibilidad y autoridad. Frases como "¡Nunca más vas a mirar televisión!", que no se cumplen, no hacen más que, como decía el gran y querido Hugo Midón en su obra de teatro *La familia Fernández*, exponernos como un "cancherito"[3] arrepentido, que primero dice no y después, sí".

El arte de poner límites, ni más ni menos, así de sencillo, así de complejo.

Difícil claro está, ¡pero no imposible!

---

[3] En Argentina, coloquial: hábil, experto en algo, conocedor, perito.

La adolescencia como trinchera

De cómo el aferrarse a los emblemas solo permite permanecer y transcurrir

Una joven de 17 años diseñó una prenda deportiva que usarían todos los alumnos de su curso, quienes estaban próximos a egresar de la escuela. El nombre de cada alumno arriba, el año de egreso abajo y, entremedio, un signo de interrogación y una leyenda: **"¿Y ahora qué?"**. Interrogante que podría definir, con tres palabras claras y contundentes, esa maravillosa y compleja etapa de la vida. La edad del "¿Y ahora qué?". La adolescencia se trata de eso, de soportar el embate de este interrogante como una ola que arrastra con fuerza hacia la orilla.

La función paterna y materna debería, entre otras cosas, dejar señales claras para que los hijos cuenten, cuando lo necesitan, con referencias que los orienten. Pero serán ellos los que deberán estructurar todo. Si el "¿y ahora qué?" encuentra a alguien bien afirmado, sus efectos serán tolerables, y hasta puede llegar a ser transitado con disfrute, y mucho. No es cierto que la adolescencia sea sinónimo de sufrimiento. Puede ser a menudo una etapa plena de momentos tan intensos como productivos y placenteros. Y ello depende de las bases sobre la que se monte este periodo central en la estructuración de la personalidad. Una identidad bien definida es una pieza absolutamente clave en la conformación de quienes somos. Es la suma de elecciones e identificaciones que vamos realizando en nuestra historia. Como ya hemos dicho, múltiples variables —contexto socio-histórico, historia familiar, historia de vida, etc.— confluyen en este proceso.

Inicialmente el nombre nos da una identidad, nos organiza; yo me llamo Alejandro, ese soy, así me nombran. En la adolescencia, es característico agruparse en tribus, presentarse como miembro de una de ellas. Son grupos con emblemas que prestan una identidad en el tránsito hacia la adultez. Ser emo, flogger, punk, indie, embanderarse en un conjunto de pares que dé pertenencia y alivie la angustia del tránsito hacia la madurez. Son identidades que se reafirman transitoriamente. Las ropas, las conductas, la música, son distintos identificadores que los diferencian de otros grupos y que, sobre todo, los alejan del mundo adulto. Ese al que tanto temen llegar. Una joven de 17 años me confesaba hace ya una década: "Esto de ser flogger ya no me está gustando, creo que vuelvo a ponerme mis ropas". Debería existir un punto en el que saludablemente decidan y se animen a seguir en la senda que ellos elijan, con la complejidad que encierra esta cuestión.

Ser adolescente es tolerar que los atuendos de niño queden pequeños y los de adulto, grandes; es estar en medio de dos carriles en una carretera. La adolescencia es el tiempo de los interrogantes. Frente a esto, en primera instancia, hay dos posibilidades:

1. Hacerse cargo de la pregunta, sostenerla y aguantar la crisis.

2. Ir lentamente hacia la inercia.

La inercia, apatía o abulia es una respuesta fallida, pero respuesta al fin. Perpetuarse en la adolescencia es una alternativa tentadora que tranquiliza y es menos riesgosa; sin embargo, a menudo preocupa y genera displacer en el corto plazo. En otros casos, la adolescencia se cronifica en una absoluta zona de confort.

Como verdaderos Dorian Grays del siglo XXI, vemos a diario madres y padres mimetizados con sus hijos. Los más grandes no terminan de asumir que el tiempo pasa, y los jóvenes, en lugar de sentirse acompañados, padecen a estos adultos que compiten con ellos y los estimulan a permanecer inmutables como en una pulseada para no perder su lugar. Me refiero en este caso al "síndrome de los padres copados[4]". Padres y madres cancheros que no entienden que el tiempo pasa. Que, en el afán de acercarse a sus hijos, quieren rejuvenecer de manera inversamente proporcional al crecimiento de los niños. Padres y madres que rompen barreras que no debieran romper. Que muestran aspectos de su vida que no debieran mostrar. Padres y madres que invaden, que descuidan sin saber y sin quererlo. Esto claramente no ayuda a crecer. La posición de los padres condiciona de manera tajante, como vemos, lo que los hijos pueden o no hacer. Como en todos los ámbitos de la vida, el secreto está en el equilibrio. Acompañar sin abrumar, dar oxígeno sin hiperventilar ni asfixiar. Sabemos que el deseo desmedido de los padres, teñido por temores no asumidos totalmente, paraliza a los niños. Una madre que se empeña en que su pequeño esté bien nutrido y que arma ansiosamente estrategias para este fin, corre el peligro de desnutrirlo. Esto podemos trasladarlo, años más tarde, a las ansias de los mayores por ver a hombrecitos o mujercitas volar solos, pero sin saber cómo guiarlos para esto.

Hay un fenómeno que quisiera describir, del lado de unos y de otros. Cuando son pequeños sabemos, bien o mal, qué hacer

---

[4] En Argentina, que complace.

y cómo, y ellos responden a los "mandos naturales". Cuando comienzan a funcionar en el modo confrontación, los adultos a menudo se desorientan, se enojan, se sienten dolidos, son pilotos sin instrumental de navegación que los guíe.

La percepción de estas sensaciones de los padres genera en los hijos temor, angustia e incertidumbre. Es como si en un vuelo, frente al descontento de los pasajeros, el comandante abandonara su cabina y, desconsolado, se echara en brazos de la tripulación buscando consuelo y gritando: "¡Yo así no puedo más!". No quisiera estar en el lugar de esos pasajeros. Así se sienten los hijos cuando los padres lanzan amenazas como: **"No sé qué más hacer contigo, te voy a dejar pupilo en un colegio"**. Es como tirar kerosene en el fuego, la actitud confrontativa se potencia y, a su vez, potencia lo reactivo de los padres. Los retoños seguramente aumentarán las comodidades de las trincheras aferrándose a sus tablas, que son los emblemas y los valores de sus tribus que los instalan en este período evolutivo. Sin darse cuenta ambos, lamentablemente, de que la balsa no está en medio del océano, sino chocando con la orilla.

Si ambos pudieran tomar distancia —y sugiero, como siempre, que sean los padres quienes tomen la iniciativa—, se darían cuenta de que, acompañando el proceso, es claramente viable transitar el torbellino.

Volveré sobre este punto varias veces en el transcurso del libro. Pero sepan, padres y madres, que si hacen las tareas podrán disfrutar junto a hijos e hijas este maravilloso viaje del crecer. Complejo, muy complejo, pero apasionante para toda la tripulación si los comandos están aceitados y en orden. Ni más ni menos, solo de trata de vivir...

Capítulo 3

—

NI-NI NO SE NACE, SE HACE

¿Qué ves? ¿Qué ves cuando me ves?
Cuando la mentira es la verdad,
¿qué ves? ¿Qué ves cuando me ves?
Mentira es la última verdad.

—*"¿Qué ves?", Dividos*

Clasificación de los Ni-Ni

Pertenecer a la generación Ni-Ni es el resultado de un proceso que comienza el día mismo del nacimiento, o quizás antes. Todo lo que un joven puede hacer o dejar de hacer con su vida es el resultado de un complejo entramado en el que interactúan fundamentalmente diferentes factores:

- La historia familiar que antecede al nacimiento

- Todo lo que como padres hacemos o dejamos de hacer en el proceso de la crianza

- Todo lo que hacemos como padres

- El medio familiar

- El medio social

- La estructura de la personalidad, lo singular de cada uno

- Los factores genéticos

"Ni-Ni no se nace, se hace", digo y defino: un joven Ni-Ni es un hombre o una mujer de entre 17 y 30 años con las siguientes características:

- Temeroso

- Indeciso

- Carente de proyectos laborales

- Falto de motivación vocacional

- Ausencia de perspectivas de crecimiento y desarrollo personal

- Paralizado en su proceso de crecimiento, sin capacidad de tomar decisiones

- Instalado en el confort familiar

Lo que define la condición de Ni-Ni, valga la paradoja, es la indefinición

Podemos pensar distintas categorías de Ni-Ni:

• El ocioso full-time

Hablamos de una joven que no estudia, no trabaja, vive su vida como si fuera un esforzado trabajador que se repone de un largo año de merecidas vacaciones. Y cuenta, para peor, con la anuencia de sus padres, quienes desconcertados o sin conciencia real del problema, acompañan silenciosos.

• El modo "ni chicha ni limonada"

Este es un modo intermedio. Estos Ni-Ni estudian o, generalmente, adeudan materias que preparan sin entusiasmo y, ocasionalmente, pueden tener algún empleo temporario que les procura un pariente preocupado. Sin embargo, en el corto plazo, lo pierden o se cansan. Y fracasan una y otra vez, confirmando que **"como casa no hay".**

Muchas veces, son estudiantes crónicos en universidades; esto les da la sensación de estar en carrera, sin darse cuenta, lamentablemente, de que han detenido su marcha. Estos casos suelen ser motivo de suma intranquilidad para todo el grupo familiar; mucha gente se inquieta por su situación, pero nadie consigue hacer algo efectivo.

• El modo mixto

En este caso nos encontramos con hombres y mujeres que han concluido un estudio terciario y tienen un empleo que quizás les permitiría independizarse de la familia, pero no lo hacen, ¡ni lo sueñan! Serían como un maratonista que, luego de recorrer 49,9 km, se queda plantado en los últimos cien metros. El salto que no alcanzan a dar es vivido como si fuera pasar de la firmeza del techo familiar a lo inhóspito de la selva africana. Suelen justificar su estancamiento en cuestiones organizativas de su vida, proyectos (viajes, nuevos estudios, etc.) que quieren concretar antes de invertir en el despegue.

Nadie llega a este punto sin una historia detrás. No es este síndrome —si es que le cabe esta denominación—, un virus o una bacteria que invade de golpe al sujeto. Es un estado al que se accede luego de un proceso de años. Y agrego: **"No es Ni-Ni quien quiere, sino quien puede"**. Quiero ser claro: no se elige la condición de Ni-Ni.

En este capítulo, los protagonistas principales no son los jóvenes, nuestros Ni-Ni, sino que las reflexiones que leerás a continuación son acerca de los padres. Los adultos que tienen influencia directa sobre los jóvenes son ni más ni menos que la fábrica de los Ni-Ni. Nos cansamos de decir que no hay recetas para ser buenos padres. Un querido amigo repite a menudo: *"Podrá ser cierta esta historia de que los hijos vienen con un pan bajo el brazo, pero no he conocido, por desgracia, caso alguno en el que porten un manual de instrucciones"*. Así es, no lo hay, pero intentaré, a través de distintos relatos y disquisiciones, elaborar pautas y criterios para aquellos lectores que tienen en su haber la maravillosa tarea de ser padres y el desafío de llegar a buen puerto con esta grandiosa aventura.

Te comparto entonces la caja de herramientas para prevenir o rectificar aquello que no pudo ser gestionado a tiempo. Allá voy:

La distancia óptima y el sentido del equilibrio
Lo importante, lo grave y lo trágico

¿Han tratado alguna vez de mirarse la punta de la nariz? ¡Difícil tarea! Solo poniéndonos bizcos alcanzaremos una visión borrosa y difusa. O frente a un espejo, pero es el cristal el que facilita las cosas. Cuando estamos inmersos en una situación determinada, la falta de perspectiva nos bloquea la capacidad de hacer un diagnóstico y de maniobrar. Las personas podemos y debemos, como las cámaras de fotos y teléfonos celulares, usar la función del zoom. Es más, es prioritario tal uso. La dificultad reside en que, mientras que los aparatos de electrónica vienen con un manual que indica dónde está el botón para esta función, en lo cotidiano no es así. Tomar distancia de las situaciones nos permite dimensionar el verdadero valor de estas.

En la crianza, en el vínculo con nuestros hijos, la esencia y la intensidad única del amor de los padres hacia ellos es el mayor obstáculo para poder tomar real dimensión. Bien dice el refrán: "Hay amores que matan". Reescribo este libro en tiempos de pospandemia de COVID, y menciono aquí un concepto que se ha puesto muy en boga en este tiempo tan difícil de transitar: *"el triage"*. El *triage* se trata de un sistema de clasificación que se les otorga a las urgencias que se producen en una catástrofe o en una situación de crisis, por ejemplo. Se les adjudica a las personas que presentan una urgencia un color: verde, amarillo, rojo. El significado de cada color permite ordenar la tarea de los agentes de salud de acuerdo a la gravedad de los pacientes. Esencial y clave en estos tiempos, y frente a situaciones críticas. Padres y madres también deberíamos usar este *triage* de manera práctica en la crianza de nuestros hijos. Muchas veces ponemos el foco en cuestiones que nos parecen primordiales y, sin que nos demos cuenta, habilitamos situaciones que, sencillas en su origen, pueden ser complejas y peligrosas en cuanto a sus resultados. A diario, escucho a padres y madres obsesionarse con el top tres de los conflictos intrafamiliares:

1. La dedicación de sus hijos en el estudio.

2. El orden en los dormitorios.

3. El aseo personal.

Y claro que son temas con peso, ya que hablamos de la responsabilidad, hablamos de decisión, hablamos de temas que no son menores. Pero cuando estas ocupan el centro de la escena algo anda mal. Algo oculta, algo disimula. Estos son solo síntomas de alguna situación más compleja que queda tras el velo de la rebeldía puberal o adolescente. Depresiones infanto juveniles, trastornos centrales en el vínculo padres-hijos, patologías adictivas, trastornos alimenticios, etc. Por encandilarnos con la luz del sol, no vemos lo que tenemos frente a las narices. En toda oportunidad que puedo digo: "Los hijos dan señales".

Una camiseta que se ensucia con salsa… es mucho menos que importante.

Una libreta de calificaciones con notas muy bajas… puede ser importante.

Un muchachito deprimido con riesgo de que su tristeza atente contra su integridad… estaríamos pasando de un simple bajón anímico a un acto de depresión grave.

Sabemos la indefensión en la que el bebé se encuentra al momento de nacer, y somos los padres los responsables de cuidar de él y acompañarlo en el camino de la independencia, el crecimiento y la autonomía. Los padres tenemos la difícil tarea de diferenciar aquellas situaciones de las que debemos protegerlos y de aquellas otras en las que pueden arreglárselas sin nuestra ayuda. Nuestra angustia y nuestros miedos suelen producir un salto repentino de una categoría a la otra.

¿Cuántas escenas como esta transcurren cotidianamente? Una madre vocifera: *"¡No soporto otra nota en tu cuaderno por causa de tu mal comportamiento! ¿Intentas matarme de un disgusto?"*. Parece mucho, ¿no? Pero es moneda corriente. Somos espejos en los que nuestros hijos se verán reflejados; si perciben en nuestro semblante indicadores de gravedad en situaciones que no lo son, modificaremos en sus vidas la real escala de valoración de las cosas. Lo insignificante se hace importante, lo importante, grave; y así sucesivamente. Para peor, este tipo de reacciones nos quita autoridad. Si a menudo se enciende la falsa alarma, cuando ocurra de verdad, no habrá quien nos crea. Muchas veces reaccionamos movidos por el miedo y la impotencia, y así es como dejamos a nuestros hijos en una situación de parálisis, contagiados de nuestro propio temor. Otras veces, minimizamos los hechos importantes y los dejamos desamparados. Como siempre en la vida, el secreto está en el equilibrio.

Una madre, en un grupo de orientación para padres, contaba que ella aprendió a distinguir estas categorías cuando su hija comenzó con un trastorno alimenticio que desembocó en un cuadro de anorexia. *"Yo sufría por las calificaciones de mi hija y vivía amargada pensando que podía repetir el año y, de repente, me veo ante la situación de que su vida está en riesgo; el colegio pasó a un plano absolutamente secundario"*. El sentido de la proporción, del equilibrio entre el episodio generador de la emoción y la intensidad de esta se pierde.

Hay un término en el arte de la magia, la expresión inglesa *miss direction* (dirección equivocada), que hace alusión a la capacidad que ha de tener todo mago para distraer la atención del espectador hacia los lugares que él quiera. Tiene que poder direccionar la atención del público, bajo el riesgo, si no lo logra, de fracasar rotundamente en sus ejecuciones. Si de repente se le ocurriera que hay que dirigir la vista hacia el techo, el público mirará hacia allí; si quisiera que se miren entre sí, la audiencia lo hará. Así, mientras el espectador está distraído, el mago podrá hacer prácticamente lo que quiera y ejecutar la "trampa" necesaria para que el juego tenga el efecto deseado. Nada por aquí, nada por allá, y... ¡abracadabra!

Debemos, como padres, poder tener la atención del pescador cuando pone su mano sobre la tanza para detectar el momento de contacto con el pez. En muchas ocasiones, los hijos dan señales —síntomas que ocupan el lugar de lo que realmente quieren decir— que solo son la punta del iceberg y, si nos quedamos obnubilados, nunca entenderemos de qué se trata.

Un hijo detenido en su evolución está pidiendo a gritos de nuestra intervención como adultos y como padres. Cuanto más tiempo pasa, más compleja será la resolución de la situación, pero siempre podemos hacer algo. Nunca es tarde. Si no entendemos o no sabemos qué hacer, pidamos ayuda, esto puede ser un buen comienzo.

Los padres de los Ni-Ni reproducen a menudo la conducta de los hijos, en lo que a la resignación se refiere, y quedan instalados en el malestar. Sabemos que la familia es un sistema: si algo se mueve, como en un equipo de fútbol que pierde un jugador con motivo de una expulsión, algo se modifica en el resto. Te detallo a continuación un claro ejemplo de cómo la mirada de los padres provoca la detención del proceso de crecimiento en los hijos:

Una pareja me consulta debido a que su hija de 5 años no puede quedarse en el jardín de infantes: llora, extraña. Comienzo a trabajar con los adultos y, cuando considero citar a la pequeña, esta logra expresar: *"Papi y mami se quedan tan nerviosos cuando me dejan, ¡que me pongo muy triste y no puedo dejarlos ir así!"*. Tiene lógica, ¿no? En este caso, la dirección equivocada, el síntoma es la angustia de la niña por su imposibilidad de quedarse en el jardín de infantes. La niña queda atrapada en el temor de sus padres y se atemoriza en espejo. *El árbol que no deja ver el bosque*, claro como el agua clara.

Teoría de las puertas

Podemos tratar de entender el fenómeno que nos ocupa, el de la Generación Ni-Ni, desde lo que llamaré "la teoría de las puertas". Esto es lo siguiente: ¿qué se habilita u obstruye, desde los adultos responsables, en la vida y el desarrollo de un ser humano a partir del nacimiento? Pensemos, como imagen, en los videojuegos que se organizan por niveles: cuando el jugador atraviesa el primero, otros se abren. Más logramos, más avanzamos. La primera hipótesis es: hay puertas en el camino de la vida que deben abrirse de inmediato; otras, mantenerse entornadas; otras, cerradas. En algunas de estas, deberemos tomar nosotros, como adultos, el picaporte y hacer todo el gasto energético de la apertura; y, en otras, ayudar y guiar a nuestros hijos para que intenten lograrlo por sus propios medios.

Los padres abrimos la primera puerta en la vida de nuestros hijos, la que habilita al mundo, el primer canal de contacto con el afuera. Luego de esa primera puerta fundante, tenemos que ser sumamente cuidadosos con aquellas que debieran quedar cerradas y, sin embargo, no lo están.

A menudo los hijos son espectadores involuntarios de los conflictos de los adultos. Seguramente, conocen la triste historia del cacique Túpac Amaru II, quien, tras sublevarse al régimen del virreinato, fue estacado en sus piernas y brazos para que un caballo jalara de cada extremidad con el objeto de descuartizarlo. Espantosa imagen, pero la cito porque esta sensación de tironeo insoportable tienen los niños cuando son zamarreados de un lado y otro durante los conflictos de los adultos. Es frecuente ver, en jóvenes que consultan, una gran imposibilidad de "dejar solos a sus padres".

"Tengo miedo de que algo malo pase entre ellos. Siento que tengo que hacerme cargo de cuidarlos, de ver que todo esté bien" (R. de 21 años, padres separados, madre depresiva de 50 años, y su padre de 60 años, con una patología orgánica crónica).

Una joven paciente me contaba que, en su casa, todas las habitaciones tenían puertas sin picaportes; podemos pensarlo como un modelo de familia "loft". Para pasar al baño debía atravesar el dormitorio de los padres. Todo era un espacio continuo. Un lugar donde no hay secretos, no hay espacios, no hay intersección. No existe ni el adentro ni el afuera. En este caso, se trata de categorías que no se han sabido construir.

En un principio, como ya dije, solo hay dos integrantes: madre e hijo. Lentamente, el mundo se va abriendo y, repito, en el trayecto de la endogamia a la exogamia (dentro y fuera de la familia) hay muchas estaciones intermedias.

Con respecto a la situación narrada anteriormente, de la niña que lloraba y no se "adaptaba" al jardín de infantes (bisagra fundamental en el proceso de desprendimiento), vemos padres que no pueden abrir con calma la puerta que comunica el hogar con la institución escolar para dejar ahí a su hija. En este modelo de familias, el despegue se hace arduo.

En la línea evolutiva, en el recorrido educacional y vocacional, tenemos momentos fundamentales:

Puerta 1: Nacimiento

Puerta 2: Jardín de infantes

Puerta 3: Escuela primaria

Puerta 4: Escuela secundaria

Estas primeras puertas vienen señalizadas desde el afuera, desde la cultura y las instituciones. Luego, se abren distintas combinaciones posibles, y una de ellas es la condición de Ni-Ni. Hay entonces, en principio, un sendero en el que, a la manera de Hansel y Gretel, podemos encontrar miguitas que nos orienten.

Como bien decía Antonio Machado:

"Caminante, no hay camino, se hace camino al andar.
Al andar se hace camino, y al volver la vista atrás,
se ve la senda que nunca se ha de volver a pisar".

Y, en este hacerse camino, quedan paralizados nuestros jóvenes. Atónitos porque, repito, hubo puertas que se abrieron demasiado y otras que jamás lo hicieron. En medio de unas y otras, hay pequeñas puertitas, no por eso menos importantes, aquellas que comunican a la familia nuclear con el resto del grupo primario: abuelos, tíos, primos, etc. Favorecer los vínculos es clave a la hora de generar confianza en el otro, en los otros. Es permitirles sentir que hay pares que pueden cuidar a nuestros hijos como nosotros, pues podemos confiar en ellos, ya que son "seguros".

Me detengo un minuto en este punto. Si bien la inseguridad de nuestro mundo nos obliga a sostener recomendaciones —tales como "no hables con extraños", "no aceptes nada de desconocidos" y otras similares—, debemos ser cuidadosos, porque llevar estas al extremo puede cerrar con candados inviolables la puerta al mundo exterior en la cabecita de un niño, vinculando lo seguro a lo conocido, y lo nuevo a lo peligroso. Afortunadamente, no siempre es así. Tenemos también puertas simbólicas que conectan con casas de amigos; es decir, la vida social de la familia. En este punto, podemos diferenciar las casas "cerradas" de las "abiertas".

J., de 7 años, me contaba afligido que él quisiera jugar con amigos en su casa, pero que a su madre no le gusta que se desordenen los juguetes y, por eso, nunca le permite invitarlos.

Otra pequeña, a la que le regalaron para su cumpleaños un juego de té de porcelana, relata con pesar que este está "muy alto en un mueble para que no se rompa". ¿Para qué sirve un juguete si no es para jugar?

Aclaro, la vida social de nuestros hijos depende, exclusivamente, en los primeros años, de aquello que los padres gestionemos. Y esto deja marcas indelebles en la adolescencia. En esta etapa, los jóvenes tienen especial necesidad de mantener las puertas de sus piezas a resguardo, en especial, de los propios padres. Esta tendencia comienza desde temprano en la prepubertad.

Años atrás, festejando un acontecimiento familiar en casa de amigos, me encontré en la habitación de los niños con un cartel escrito por mi hijo mayor, hoy de 27 años, en aquel entonces de no más de 10, que advertía con una calavera cruzada: **"¡Prohibido adultos!"**. Respetuoso, callé y pensé: "Caramba, cómo crecen". Los espacios entre ellos y nosotros, conforme el tiempo pasa, son cada vez más escarpados. Ellos necesitan tomar distancia para después volver.

Existen dos momentos evolutivos claves: por un lado, el de la admiración y la idealización (cuando son más pequeños) y, en contrapartida, el de la desidealización, que lleva a una visión más realista en la que los padres también somos seres humanos y no superhéroes, con virtudes y defectos.

Citaré nuevamente al genial Joaquín Lavado (Quino), quien ilustra maravillosamente este pasaje en una de sus tiras de *Mafalda*. En el primer cuadrito, el padre sostiene a Guille, el benjamín, en sus brazos mientras miran por la ventana un sol radiante e imponente. Meloso, con mirada de ternura y amor, pide a su padre que le baje el sol. Con profunda congoja, este le explica que no puede hacerlo; el querubín, visiblemente decepcionado, ordena: "Señod, me deja en el piso, pod favod". Un ídolo acaba de caerse...

En la línea evolutiva, los niños de 3 a 4 años necesitan, como punto de apoyo, idealizar la figura paterna. Esto les permite andar sobre nuestros hombros durante unos años, hasta que, aproximadamente en los comienzos de la pubertad, comienzan el momento de despegue. La salida exogámica se da con más fuerza; y necesitan cuestionarnos, a veces con cierta crueldad, y otras, con absoluta razón. Es como el carreteo de un avión; el hijo, despacio al principio, va buscando el punto de despegue y la recta que le permitirá volar, enciende turbinas, acelera tan fuerte que aturde, corre y vuela... Puede volver cuando quiera, y los padres somos un punto de referencia y el aeropuerto —siempre que el vínculo esté en marcha y funcione sanamente—.

La cresta de la ola del "modo confrontación" llega en la adolescencia. Allí, por momentos, pareciera que todo lo que hacemos o decimos les molesta, siempre cuestionan, siempre refunfuñan… Es agotador, pero necesario. Es menester ceder terreno y permitir, dentro de lo razonable, que esto ocurra. Los hijos necesitan poder ganarnos para crecer.

Recuerdo que mi hijo mayor, cuando tenía 10, en el salón de juegos de un hotel, alborozado, dio una vuelta olímpica mientras gritaba: "¡Le gané, le gané!". Había logrado su primera victoria en tenis de mesa contra un "experimentado" jugador: su padre.

Resulta fundamental, entonces, abrirles la puerta para que puedan enfrentarnos, y dejarlos que ellos tomen el picaporte de su habitación, así como respetar su intimidad. Claro está que todo ello debe ir a favor de una sana y juiciosa convivencia. Los hijos, en este punto de sus vidas, también están deseosos, o deberían estarlo, de abrirnos a nosotros, sus padres, la puerta de la casa para que podamos salir a jugar, y dejarlos solos…

Un paciente de 18 años me relataba que se había transformado en agente de viajes precozmente, ya que por todos los medios buscaba promociones para que sus padres pudieran descansar y conocer bellos lugares. Hasta invertía sus ahorros para contribuir con esta noble causa. *Es el mejor regalo que puedo hacerme*, me decía. ¡Maravilloso!

Hay otras puertas que deben mantenerse entreabiertas en un delicado equilibrio. Es fundamental aquella que regula y dosifica el flujo de cuidados hacia los hijos. La sobreprotección, en un extremo; la desprotección, en el otro. Ambas modalidades propician de manera clara un difícil desprendimiento en la adolescencia.

Los padres nos convertimos, sin darnos cuenta, en "agentes transmisores del Ni-Ni".

"En mi casa me siguen dando todo, yo ni la vajilla lavo. Me da un poco de pudor con mis amigos, pero en realidad estoy cómoda. Independizarme está cada vez más lejos si sigo así". Esto lo cuenta una joven de 24 años, cuya madre siempre fue muy temerosa con el afuera y acolchonó, como un endometrio perpetuo, las paredes del hogar. Las puertas para ir a jugar nunca se abrieron lo suficiente. Ahora, es una pena y un gran trabajo para esta niña-grande que no puede crecer.

Taparles el sol con la mano a nuestros hijos
cuando les molesta el reflejo no los ayuda a crecer.
Tarde o temprano,
el mismo esfuerzo que debemos hacer nosotros
para lograr objetivos tendrán que vivirlo ellos.

Trato de ordenar ideas. Todas aquellas puertas que favorezcan la autonomía, la responsabilidad, la confianza en sí mismos y en los otros, la capacidad de iniciativa, de elección, son bienvenidas. Aquellas que ayuden a formar un umbral de frustración alto, ¡ábranlas!

Para terminar de entender, entonces, digo que los Ni-Nis tienen abiertas de par en par las puertas del hogar y del confort. Cerradas, blindadas, atoradas, están aquellas puertas que permiten el acceso al mundo laboral, a formar una pareja, a decidir un proyecto de vida, a sentirse necesarios, esto es, a formar parte de un proyecto, a pertenecer, a sentirse útiles.

Ayudemos a nuestros hijos, entonces, a que puedan ir por la vida seguros.

Consejos útiles para padres de Ni-Nis

Luego de este largo —y espero que no tedioso— recorrido, vamos a detenernos ahora en aquellos padres que ya tienen un Ni-Ni en casa.

En primer lugar, voy a recomendar enfáticamente que vean el film *Grupo de Familia* (*Tanguy*, en el original). Es una película francesa, comedia de humor negro, del director Étienne Chatiliez —aclaro esto para no confundirlos con la homónima de Luchino Visconti—. La historia se centra en un matrimonio, los *Guetz,* que viven con su "pequeño" *Tanguy* de 28 años. Él es brillante, encantador, estudiante modelo, pero no tiene ninguna intención de dejar el nido. Promete hacerlo cuando termine su tesis de chino, en ese momento se irá a Pekín. Llegado el punto, le pasa lo que a la mayoría de los jóvenes que todavía no están listos para volar. Retrasa su partida, diciendo que lo hará en menos de un año. Los padres —y aquí comienza la trama (deseo que la vean, así que no contaré mucho más que esto para no *spoilear* más de lo necesario)—, en especial su madre, comienzan a sentir un rechazo inexplicable hacia su hijo, lo que los angustia sobremanera. Comienzan a "incomodar" con maniobras que bordean el disparate, al joven *Tanguy* para que intente irse. Lo interesante está en la estrategia de estos padres. Intentan desencantar al hijo de la panacea de la vida endogámica. Tratan de romper el hiperconfort y generar una necesidad que en él había estado retenida y oculta: la de la independencia. Cumplo lo prometido y me detengo aquí con los detalles de la historia de *Tanguy*.

Todos pasamos por una situación similar a la que describiré a continuación, aunque, salvo en círculos íntimos, nos sea engorroso reconocerlo. Hemos invitado alguna vez a queridos amigos a cenar a nuestra casa, sin ninguna duda, por el afecto que nos une con ellos, y el convite ha sido de buen grado. Pero resulta que, con el pasar de las horas, se genera una relación inversamente proporcional entre nuestro cansancio y el ánimo creciente de nuestros invitados. No son precisamente sensibles a nuestros bostezos, es más, con la confianza de los años de relación, van a nuestra cocina a preparar más café para poder seguir con la velada. ¿Qué hacer en este caso? El silencio es una opción posible; se darán cuenta, tarde o temprano, de que ya queremos finalizar el encuentro, pero en estas ocasiones suele producirse más bien tarde el *insight* de las visitas. Desde ya, está totalmente contraindicado continuar conduciéndonos como amables anfitriones que somos y seguir animando una grata conversación. No querrán irse hasta varios días después.

Recuerdo un relato que comparto con ustedes: A la situación mencionada, se agregó que los dueños de casa acababan de ser padres, y las visitas no evidenciaban señales de retirarse. Estos jóvenes padres tenían un intercomunicador de bebés, con dos terminales, una de las cuales, ubicada siempre cerca del pequeño, transmitía los ruidos que este emitía, y un receptor que los padres llevaban con ellos para monitorear que todo anduviera bien con el querubín. ¿Adivinan qué pasó? Imaginan bien, los dueños de casa fueron a la pieza del bebé a realizar un concilio para aunar estrategias que aceleraran la retirada de los amigos, y así poder descansar, pero no repararon en que estaban hablando de "estos pelmazos que no se dan por enterados de que son las 3 a. m. y queremos dormir" con el intercomunicador prendido, y el receptor pegado a las visitas. Cuando volvieron a la sala, estas ya se habían ido... Costó reanudar relaciones.

Es muy posible que en este punto experimentemos, frente a nuestro deseo de enunciar claramente la necesidad de irnos ya a reposar, un sentimiento de "vergüenza ajena". Esto se produce cuando el malestar que debería estar alojado en el otro nos es transferido, y nos apropiamos de él sin quererlo ni desearlo. Un buen ejemplo es cuando nos vemos en la circunstancia de pedir dinero que hemos prestado y no nos lo devuelven en el tiempo acordado.

Nos pasa con nuestros amigos, y puede suceder con los hijos cuando estos se instalan en nuestra casa, que es la suya también, pero que, por la salud emocional de todos, deben dejar. A veces, el padecimiento visible suele estar del lado de los padres; los hijos parecen reposar plácidos en el útero materno-paterno veinticinco años después del parto, y papá y mamá desesperados porque el nene no crece. Aquí puede darse una combinación que formularé con un axioma: *La voracidad de los padres provoca la inapetencia de los hijos.* Esto ocurre cuando el deseo se instala del lado de los padres y queda taponado el de los hijos. Solemos ver madres ansiosas de que sus hijos se alimenten, que construyen rituales en los que con una cuchara o un tenedor improvisan un avioncito que transporta el alimento para el niño; cuanto más insisten, más probable es que el pequeño cierre herméticamente su boca, lo que provoca la desesperación de la madre, mayor hermetismo de la cavidad bucal, y así al infinito y más allá.

¿Quieres el mejor alumno?

¡Pues te regalo el más holgazán de todos!

¿El mejor deportista?

¡No pienso moverme de mi cama!

Si ponemos demasiadas expectativas, a veces sucede lo contrario de lo que esperamos. Si los padres deseamos en demasía, nos apropiamos del interés de nuestros hijos. Cuánto más insistimos con algo, peor es, pues generamos una resistencia inversamente proporcional. Cuando hacemos lugar al deseo de nuestros hijos, ayudamos a su crecimiento y estamos evitando la formación de un joven Ni-Ni.

Caja de herramientas para padres

- Hacer zoom a las situaciones que debemos resolver. La distancia justa nos permitirá pensar estrategias propicias desde una perspectiva óptima para resolver las situaciones en las que nuestros hijos se vean involucrados.

- Diferenciar lo importante de lo grave y de lo urgente. Perdemos mucho tiempo de nuestras vidas preocupándonos por cosas que al cabo de muy poco tiempo pasan al plano anecdótico. Guardemos la angustia para aquello que tenga importancia y sentido.

- Manejar las emociones teniendo en cuenta que nuestros hijos no solo están pendientes de nosotros, sino que decodifican, por más pequeños que sean, todas nuestras ansiedades y temores, y los viven como propios.

- Escuchar los tiempos de los hijos, poder esperarlos. Es habitual que los padres, en las entrevistas familiares, no dejen que los hijos respondan una sola de mis preguntas, contestan apresurados y ansiosos por ellos, hasta que los llamo a silencio. Los niñitos, agradecidos. En el mismo sentido, si les damos una tarea, debemos confiar en que podrán hacerla. No debemos apresurarnos a resolverla por ellos.

- Recordar que no somos, la enorme mayoría de las veces, bomberos u obstetras en acción; somos, nada más y nada menos, que padres decidiendo, y debemos tomarnos tiempo. Tiempo de pensar, de consultar, y de equivocarnos y pedir disculpas si fuera necesario.

- Si nuestro hijo toma una decisión desde un lugar adulto, que la asuma; no juntemos las migajas, en el mundo no hay siempre un padre para socorrerlos (¡si se va a vivir solo, no llevarle preparada la comida ni lavarles la ropa todos los días!).

- Usemos el sentido común, las expresiones del tipo de: "No corras tan rápido", "¡Lleva abrigo, hace frío!", "¡Quédate en la orilla!", "Si te pones bizco y te agarra un viento, quedas así", "No tomes ese empleo, fíjate lo poco que te pagan, no es necesario", "Esa muchacha no es para ti, te va a arruinar la vida", nunca ayudan; es más, paralizan, crean miedos… Ayudemos a nuestros hijos a moverse seguros con la convicción de saber qué hacer y cómo hacerlo.

- Si nuestro hijo ya ostenta la condición de Ni-Ni, intentemos limitar y acotar la manutención a lo básico: casa, comida y salud. Recortar lo superfluo y revertir la situación, aunque sea tarde, es mucho mejor que perpetuarla.

Las guerras son el horror de la humanidad y, por ello, la declaración de la paz siempre es bienvenida. Mucho más si pensamos en una situación tanto menos trágica como las dificultades con un hijo que, como Peter Pan, se ha detenido en el país de Nunca Jamás.

Debemos reposicionarnos como padres adultos que somos para ayudarlos a dar aquellos pasos y abrir aquellas puertas que han quedado pendientes.

Tareas para el hogar

La diferencia entre lo posible, lo ideal y lo real

Sentarse a pensar en familia es casi una práctica en peligro de extinción. Quiero acercarles tres actividades orientadas a promover la reflexión conjunta y, así, desde una visión más clara de la situación, elaborar estrategias para optimizar aspectos de la convivencia familiar.

Aclaro antes de enunciarlos: es muy posible que, en función de la realidad de cada hogar, estos ejercicios no puedan realizarse tal como los planteo, pero vale la pena el intento, acá también se pondrá en juego la distancia que haya en cada caso entre lo deseado y aquello con lo que realmente se cuenta.

Ejercicio N.° 1:

Mapa de responsabilidades y tareas

Esta actividad está orientada a intentar ordenar y visualizar el funcionamiento del núcleo familiar tomando la variable de las tareas y las responsabilidades que cada miembro asume en el día a día, confrontándola con las que consideren, por separado y en el conjunto, que deberían realizar.

En la primera columna se deberán enumerar y nombrar los integrantes de la familia; en la segunda, las tareas y responsabilidades que cada uno cumple; en la tercera, las que deberían cumplir y; por último, la diferencia entre ambas. De ahí podrán identificar los aspectos sobre los que habrá que trabajar.

Sugiero que este cuadro lo completen por separado cada integrante de la familia y luego compartan los resultados. Será muy interesante ver los diferentes criterios y las distintas percepciones.

Será asimismo muy valioso el trabajo posterior que se pueda realizar, tratando de acercar lo más posible la diferencia entre lo ideal y lo real, tratando de construir acuerdos entre los integrantes de la familia.

Si esto no fuera posible, son los adultos los responsables, a partir de tener visualizado el conflicto con más claridad, de tomar decisiones, poner límites y distribuir tareas e intentar que estas se lleven a cabo.

Tareas y responsabilidades integrantes de la familia	A - Tareas y responsabilidades que cada uno asume	B - Tareas y responsabilidades que cada uno debería asumir	Diferencia entre A y B
N.º 1			
N.º 2			
N.º 3			
N.º 4			

Ejercicio N. ° 2:

Evaluación en 360° de las expectativas interfamiliares

Como en el colegio, saquen una hoja, no teman, no es un examen. Cada miembro de la familia deberá responder las siguientes consignas:

Para los padres

- ¿Que espero de mis hijos? (sugiero una hoja por separado para cada uno de ellos).

- ¿Qué creo que ellos esperan de mí como padre/madre?

Intenten explayarse aquí lo más posible, tratando de eludir lo que todo padre/madre desea por *default* para sus niños (que sean felices, que crezcan sanos, etc.). Traten de profundizar e ir más allá de eso.

Para los hijos

- ¿Qué espero de mis padres? (contestar por separado para cada uno de ellos)

- ¿Qué creo que ellos esperan de mí como hijo?

Cada uno escribirá lo suyo sin compartir, en un principio, las respuestas con los demás.

El paso siguiente será poner en común todo lo escrito y cotejar las expectativas de los otros con lo que cada uno creía.

Si esto es posible, la experiencia será muy rica, y contribuirá a fomentar espacios de diálogo y confianza en la perspectiva del disfrute compartido, que debería ser el eje de la vida familiar, y que tan lejos nos queda a menudo en la vorágine de los conflictos de todos los días.

Visualización del problema

Les planteo, antes de continuar, mis reparos y mi fe de erratas a priori respecto de lo que sigue. Cuando pensé en armar un cuadro donde se pueda visualizar la problemática que nos ocupa, dudé. Descreo casi por instinto de esos test de revistas de verano en donde se alienta a los lectores a responder decenas de preguntas, dándoles un cuasi diagnóstico de personalidad en solo cuatro carillas. Lo que verán no tiene nada que ver con eso, lo aclaro, de no hacerlo, me sentiría en falta conmigo mismo. Las conclusiones que de la lectura y el análisis del cuadro se desprendan no tienen, de ninguna manera, valor absoluto ni implican diagnóstico, simplemente facilitan la visualización del problema.

El siguiente es un gráfico que relaciona distintas variables a partir de la edad de la persona. He nombrado a estas como "indicadores de autonomía". La combinatoria de ambas dará cuenta de lo que podríamos pensar como un índice Ni-Ni.

He considerado tres variables en este cuadro:

La independencia económica de los hijos, la habitacional y el nivel de estudios. Podría agregar otras, pero creo que sería confuso. He relacionado a las tres con la variable edad. Cuanto mayor sean nuestros retoños, más independencia en cada una de las áreas será esperable. Propongo ahora a los lectores que cotejen la realidad familiar con el gráfico. Para analizarlo, habrá que tener en cuenta que la singularidad y la particularidad de cada caso, y la aplicación del sentido común serán primordiales.

Si nuestro hijo de 24 años vive en la casa paterna mientras termina sus estudios y trabaja, esto puede deberse a que el objetivo final es que, una vez finalizados los estudios, afirme su independencia comprando la casa propia. No es lo mismo, obviamente, que si esto ocurre cuando solo hace un curso de perfeccionamiento en idiomas y trabaja en el negocio familiar algunas horas del día.

Hay una serie de afirmaciones de uso popular ligadas a lo cromático en relación con la gravedad de las cosas. "Esto está pasando de castaño oscuro", "la situación se puso negra", "se siente como en penumbras", por nombrar algunas que hacen referencia a un punto alto de complejidad y gravedad de una cuestión determinada. En el polo opuesto; "ahora veo todo más claro", "me iluminé", "se hizo la luz en el asunto". En esta línea de pensamiento, les propongo que interpretemos lo que se desprenda del cuadro.

Viendo la grilla, les pido que imaginen, al finalizar esta, un último casillero en donde los colores resultantes de cada situación particular se pudieran mezclar en una paleta imaginaria y dar uno distinto que sea el resultado de la suma de los anteriores. Cuanto más cercano al gris claro sea el color resultante en coincidencia con la coyuntura de nuestros hijos, mayor debería ser su capacidad de salida exogámica. Cuanto más se acerque al negro, pasando por el gris oscuro, mayor dificultad significará en cuanto a la capacidad de desprenderse saludablemente del núcleo familiar. Aclaro nuevamente que esta es solo una guía para pensar la situación sin pretensiones de dictar sentencia, ya que en cada caso hay mucho de lo singular, así como atenuantes que se deben considerar.

	Situación habitacional		
Edad / Indicadores de autonomía	Vive con su familia	Vive fuera del hogar familiar sin ingreso propio	Vive fuera del hogar familiar con sustento propio
Más de 30			
26-30			
22-26			
18-22			

Condición laboral			Nivel de estudios		
Desempleado	Trabaja ocasionalmente	Empleo temporal o permanente fuera del núcleo familiar	Secundario incompleto	Cursa estudios terciarios o universitarios	Terciario o universitario completo

Capítulo 4

——

HISTORIAS DE NI-NIS
COMO EN LA VIDA MISMA

Nos empeñamos en dirigir sus vidas,
sin saber el oficio y sin vocación.
Les vamos trasmitiendo nuestras frustraciones
con la leche templada
y en cada canción.

—*"Esos locos bajitos", Serrat*

Muñecos perdidos

"Ellos se han llevado mis muñecos, tengo repetidas pesadillas con ese episodio. Entran, saquean todo lo que encuentran, mis peluches también". La protagonista de este relato no es una pequeña como podría pensarse en primera instancia. Es una mujer de 27 años que describe con mucha angustia ese momento en el que su casa fue asaltada hace unos años por ladrones que la despojaron de sus

101

queridos muñecos. Muñecos que son símbolo de su infancia, de la que se resiste a salir.

La llamaremos Reina, porque así es tratada en su casa por sus padres, quienes la aman tanto que no se animan a ayudarla a crecer para evitarle sufrimientos. Es la tercera de cinco hermanos, y estudia en la universidad —está terminando una compleja carrera al momento de la consulta—. Por cierto, es brillante. Ella pide ayuda por episodios de angustia que se le hacen inmanejables. Habla de ataques de pánico, pero no son tales, ya que solo —y no es poco— queda paralizada en determinadas situaciones, sin entender el porqué. En su casa es la consentida; suele hacer pataletas como si fuera una niña pequeña, y así logra resultados. "Mi familia no se anima a contradecirme". Lo dice entre triunfante y triste, aunque más triste que victoriosa, diría yo. Arduos son mis intentos de mostrarle que esta situación —aparentemente paradisíaca, ya que obtiene todo lo que necesita, sin compromisos y sin urgencias— no es gratis. Una parte suya más saludable —y esta es la que provoca la angustia— entiende que, si no deja de ser "reina" y se anima a ser plebeya, nunca podrá ser monarca en su propio mundo adulto.

En los talleres de crianza les explico a los padres que no es lo que parece cuando, respecto a sus hijos, dicen: "Están como quieren. Duermen, comen, salen con amigos... Son los reyes del universo, ¡la pasan como jeques!". Les digo, y me miran con descreimiento que, si hicieran realmente lo que quisieran, se animarían a despegar. En realidad, hacen lo que pueden, teniendo en cuenta lo que los padres sostienen desde el "no límite". Son grandulones y grandulonas asustados.

Reina se niega rotundamente a pensar siquiera en la posibilidad de trabajar. Me mira desafiante cuando la interrogo sobre este punto; se enoja y me lo hace saber. "No necesito ni puedo trabajar, yo estudio". Se enoja una y otra vez. "¡Yo no te pido ayuda con eso! -me dice y me amenza-. Si sigues insistiendo con ese tema, me busco otro terapeuta!". Sin embargo, vuelve.

Sus hermanos mayores no han podido aún dejar la casa paterna. Todo es más seguro puertas adentro. El gran problema de Reina es la validación que encuentra en el seno de la familia, que considera que de esta manera va por buen camino. "Tú dedícate a estudiar", le ordenan, y así, a la manera de la fábula de Christian Andersen, *El rey desnudo,* la ubican en un lugar inexistente y sola en una burbuja. ¿Quién se animará a decirle a esta reina que los sastres la han engañado y que sus maravillosas ropas para ir por la vida sin grandes esfuerzos no son otra cosa que la desnudez del miedo propio y el de sus padres? Sus muñecos no han vuelto y, hasta que no acepte que los ha perdido para siempre y que esto es necesario para ganar otras cosas, no podrá crecer.

Cuando un cuerpo se hace trinchera

Les presento a Celeste. Ella tiene 20 años, la atiendo desde hace tres años. Acaba de concluir la escuela secundaria. Su refugio es su cuerpo: Celeste es obesa. Vive con sus padres, excelentes personas y abnegados en su rol de acompañar y querer a su hija. Tiene un hermano 5 años menor. Es de una bondad enorme y tiene una ingenuidad que la ubica a veces lejos de este mundo no tan santo. Por varios años ha intentado distintos tratamientos para adelgazar, pero no ha tenido éxito. En este último tiempo, algo va quedando claro: necesita este cuerpo grandote para esconderse. Los kilos la protegen de un mundo que la asusta.

Prácticamente no sale de su casa. Me cuenta orgullosa, al comienzo del tratamiento, que el venir a la consulta es su primera salida "voluntaria" fuera del colegio y por iniciativa propia. En ella es claro, dolorosamente claro, cómo el mundo externo aparece como amenazante y peligroso. El contacto con el afuera se vuelve casi de ciencia ficción. Acercarse a sus pares es una misión imposible. Por medio de la comida, Celeste dirige y canaliza gran parte de su energía, y construye un búnker que la mantiene lejos de ser mujer, que la preserva de todo lo que la asusta mucho.

Mientras mantenga este cuerpo "grandote", como ella misma dice, las diferentes formas que distinguen a una niña de una señorita —y luego de una mujer— se hacen borrosas y deformadas. "La grasa me protege", dice con un humor que la entristece.

En estas situaciones en las que la enfermedad detiene un proceso de crecimiento, se produce una vez más un círculo vicioso. Los padres, apenados por el sufrimiento de su hija, la sobreprotegen. Este proceder aumenta su percepción de que en el afuera las cosas se ponen oscuras, lo que genera en esta jovencita una gran razón para refugiarse en la comida. A casi todas partes va acompañada por sus padres, y los adultos, insisto, sostienen esta manera de funcionar. *La mirada de los padres es para los hijos una referencia fundamental.*

Trazo el siguiente paralelo: en un consultorio, el médico lee los resultados de los análisis de una mujer que frente a él aguarda ansiosa su parecer. Él frunce el ceño, murmura, se detiene en un párrafo, relee, levanta la vista, vuelve a la lectura, hace un movimiento con su nariz. Todo en un silencio gélido y eterno. Un sudor frío recorre el cuerpo de la asustada paciente; la espera es intolerable. "Algo anda mal, el doctor está preocupado. ¡Y él es el que sabe sobre mi cuerpo!", piensa. El mundo se detiene. "Todo está muy bien, no hay nada de qué preocuparse", dice el médico por fin. El mundo recupera sus colores, la mujer vuelve a respirar. Por un momento pensó: "¡Uf!, ¡qué largo fue este momento!".

Reemplacemos algunos términos. Donde dice "doctor" pongamos "padres"; donde dice "mujer" pongamos "hijos", y así podremos entender cómo se sienten los niños cuando decodificamos sus dolencias. Si un pequeño se cae en un parque y raspa su rodilla, instintivamente girará la cabeza buscando a su madre. Si encuentra un rostro tranquilizador, se limpiará y seguirá corriendo. En cambio, si viera un gesto de alarma, seguramente rompería en llanto. Para un niño, son los padres quienes saben sobre él, su referencia inmediata.

Un concepto central de la psicología, según plantea Donald Winnicott, es la mirada de la madre sosteniendo (*holding,* en inglés) al bebé. Reparemos en una fotografía de una madre con su hijo recién nacido y veremos que ella se prolonga en él desde sus ojos llenos de amor. También los padres pueden provocar aquello que temen que pase. Si el niño siente y decodifica un alerta en su madre, si entiende gravedad en su mirada, centrará su atención en la dolencia, por mínima que esta sea, exagerando la sintomatología. En el ejemplo anterior, caminará con temor, creando una dificultad orgánicamente inexistente en la marcha, y así la madre confirmará su hipótesis de la urgencia, y se tranquilizará recién con la palabra de un profesional que ponga orden en el caos. Madre e hijo habrán pasado ya por una situación de angustia que no es gratuita, y que, por cierto, deja huellas. Es menester aclarar lo inevitable del temor de los padres primerizos con las primeras fiebres, pero es central saber que cualquiera de ellos, en calma, podrá escuchar adecuadamente, así como una madre diferencia un llanto de angustia de uno de dolor u otro de hambre, la singularidad y la gravedad de lo que está sucediendo. *Cuando transmitimos una angustia desmedida, estamos criando niños inseguros que luego serán adultos y padres temerosos, si es que no resuelven nuestros miedos, los cuales entonces ya serán de ellos.*

Cuando los hijos son adultos, o van camino a serlo, nuestra mirada como padres sigue siendo fundamental, esto si es que no hicieron el correcto proceso de despegue en su momento. Si no los alentamos a que se inicien en el mundo laboral, desde la no facilitación del confort desmedido, o si no propiciamos una interacción fluida con el medio y, si nuestra mirada es temerosa, transmitiremos miedo. A veces es difícil, muy difícil, de manejar.

En una oportunidad mi hijo me advirtió, luego de un episodio febril que cursó con temperaturas muy altas que no cedían ante los antitérmicos: "Papi, ¿por qué no haces conmigo lo que escribes para los padres? Tu cara de susto por mi fiebre de ayer me asustó a mí". Aquel fue un llamado de atención, y por suerte pudo decírmelo. A menudo no es suficiente con tener clara la teoría.

Volviendo entonces a Celeste, si los padres no logran convencerse de que ella puede, y no dejan que adelgace y que suelte la dureza de esta coraza que lejos de protegerla la confina en un lugar de sufrimiento y desesperanza, no podrá crecer. Aclaro, solo por si hiciera falta, que estos mecanismos de mantener a un hijo en una situación de padecimiento de ninguna manera son, en este y en la mayoría de los casos, un mecanismo consciente. Se trata de situaciones que se generan sin que los padres tengan noción de que esto pasa. Es por eso que en el trabajo terapéutico con jóvenes es fundamental incluir a la familia en la estrategia de abordaje.

Hace algunos meses ocurrió algo con esta jovencita. Por suerte, por su esfuerzo y decisión, por modificaciones que están logrando sus padres y por el trabajo que venimos haciendo juntos, algo se movió. Lentamente, Celeste fue animándose a pequeñas grandes hazañas. Se inscribió en una facultad y fue sola a hacer los trámites. Comenzó a acercarse a jóvenes de su edad, al principio con temor y, de a poco, con menos dificultad. Inició una actividad deportiva en un club de su barrio y está pudiendo vencer los temores de ser rechazada. Se dio cuenta de que solo era necesario que se diera a conocer, y para eso era necesario que se conociera ella misma. Sus padres la ven contenta. Celeste ha descubierto una sonrisa y un semblante que le quedan más que bien. Empezará un nuevo tratamiento para adelgazar, y tengo la impresión de que esta vez podrá dejar la trinchera y abrir la puerta para ir a vivir.

Un elefante en brazos de un bebé

Nunca le daríamos a un pequeño una maleta cargada con mucho peso para que arrastre, tampoco le pediríamos a un bebé de meses que tome a su cargo la supervisión de las refacciones de la casa. Mucho menos encargaríamos a nuestros hijos la resolución de las problemáticas familiares. Lamentablemente, esta última opción es mucho más frecuente de lo imaginado. Darles esta tarea a los hijos es similar, en su dimensión, a pedirle a una criatura que sostenga en sus brazos un elefante. Tanto como eso pesa. Nos encontramos con hijos que son padres de sus padres de manera muy temprana, y no me refiero en este caso a padres mayores que requieren el cuidado de sus hijos.

En un capítulo anterior, les presenté la teoría de las puertas. En ella mencionaba aquellas que, simbólicamente, no deben ser abiertas en una familia. Una puerta fundamental era la que habilitaba el acceso a la conflictiva de los adultos, de la pareja de padres, como hombres y mujeres que en definitiva son. Hablábamos en ese capítulo de familias "loft". De esto se trata la historia de Juan.

Hace 24 años nació en una familia de aquellas que solemos denominar como disfuncionales. Una pareja de padres que sigue unida no por el amor, sino por algo más cercano al espanto. *Un padre que trabaja fuera de la casa todo el día, una madre que sufre dentro de ella.* Juan crece rodeado por el malestar ajeno al que, rápidamente y sin opciones, va haciendo propio. Una madre que padece, y se lo hace saber. "Yo quisiera que salgas y te ocupes de ti, pero no sé qué puede pasar conmigo si te vas mucho tiempo". ¿Terrible no? Juan quiere buscar trabajo, sabe que lo necesita anímica y económicamente, pero no logra encauzar sistemáticamente una búsqueda. Busca para no encontrar. En el último año ha dejado solo algunos pocos currículums, los suficientes para sentir que está intentando, pero no los necesarios para que el esfuerzo se traduzca en resultados. El problema es que para trabajar debería irse de su casa todos los días y dejar sola a su madre. Y cada vez que se ausenta por algunas horas, experimenta una fuerte angustia que, en ocasiones, ha llegado a provocarle episodios de ansiedad que fueron diagnosticados y tratados como ataques de pánico. Lo que le genera el pánico, podríamos pensar, es abandonar a esta mamá que sufre en soledad.

La situación se ha enquistado, el padre se ha ido repetidas veces de la casa, pero vuelve sin ninguna explicación entre uno y otro episodio. Nada de lo que pasa en esta familia pareciera tener consecuencias. Pero las tiene. La madre, una mujer de 55 años, intentó iniciar tratamientos repetidas veces, y los abandonó sistemáticamente. Podría trabajar si tratara su depresión, pero las cartas se han barajado de la manera más tóxica para ella y para su hijo. Él sigue atrapado y sin salida, y ella, paralizada en su dolor. Él está atascado entre la bronca y el sentimiento de culpabilidad que le producen estos padres: una madre que se muestra desvalida y un padre que se ausenta casi obscenamente.

Les sorprendería, como me ha sorprendido a mí en su oportunidad, saber cuántas familias toman de rehenes —sin que esto sea voluntario, desde ya— a sus hijos en la problemática familiar. De distintas maneras, con más o menos sutilezas, son muchos los casos en los que los pichones no pueden dejar el nido por miedo a que sean los padres los que aterricen forzosamente y se hagan daño. En estos casos, la ecuación se invierte peligrosa y lastimosamente.

La relación padres-hijos es, por definición y desde un inicio, asimétrica. Esto es, *no somos pares con nuestros niños*. A medida que las décadas van pasando, la relación se va emparejando, pero siempre, a menos que la senilidad sea quien mande, debería de mantenerse esa diferencia. De nada sirve el "Más respeto, soy tu madre" si no se sostiene desde el día a día del vínculo. En estos casos, no tenemos frente a nosotros a una madre o un padre que ven dificultada su cotidianidad por los padecimientos de un hijo. Esto sería natural. Si un hijo sufre, deberemos posponer nuestros intereses y nuestras necesidades para auxiliarlo. Este estilo de sufrimiento, como le sucede a la madre de Juan, se hace crónico y se perpetúa si no se trata adecuadamente. Es un frágil equilibrio sostenido por distintos elementos. Si al menos uno en este sistema se moviera, algo se modificaría en el resto.

Es poco frecuente que sean los padres, en esta instancia, los que modifiquen la cuestión. Ellos suelen estar muy instalados, con muy poca perspectiva, en su propia patología. Sin ayuda profesional, dejar atrás este tipo de situaciones es casi como querer mover una montaña a pulso. Para los hijos, en estos casos, el desafío está en entender e internalizar que los padres no son víctimas de una tragedia en la que ellos deberían acompañarlos y asistirlos. Lo que viven los adultos son las consecuencias de sus elecciones y de la falta de oportunidades, convicción o conciencia de enfermedad para destrabar situaciones patológicas. *Los hijos no son responsables de lo que los padres no pueden hacer o deshacer en sus vidas.* Aquí la condición de Ni-Ni está claramente dada desde la patología familiar, y la angustia y sus consecuencias en los jóvenes alcanzan dimensiones preocupantes.

Juan puede ver claro la puerta de salida pero, como en las pesadillas, el picaporte está ahí, solo que el brazo nunca puede llegar a tocarlo.

Lo conocido calma, lo nuevo asusta

Esta historia es distinta a todas las anteriores. Vivo en un barrio de la ciudad de Buenos Aires, un barrio tranquilo, tanto como puede ser un barrio hoy en una gran ciudad. Una noche, volviendo a casa, me encuentro con que en el umbral duerme, como hecho un ovillito, un muchacho. Me sorprendo, y paso por sobre él para poder entrar a mi hogar sin despertarlo. Desafortunadamente, nos acostumbramos a convivir con el horror de ver que existen situaciones como esta. A la mañana siguiente, seguía allí. Me senté a su lado, temía que no estuviera bien. Se despertó por mi acercamiento y me pidió una moneda. Le ofrecí a cambio un café con leche y galletitas. Aceptó gustoso.

Le pregunté el nombre. "Axel", me dijo. Tenía 17 años. "No voy a hacer nada malo acá", me aclaró como si hiciera falta. Me quedaba clarísimo que solo necesitaba un poco de abrigo y cuidado. Charlamos largo rato y, entre otras cosas, me contó de sus padres. El papá era de una provincia del interior; la madre, con paradero desconocido. Tenía algunos hermanos en algún lugar. Había pasado muchos años en la calle, viviendo como podía. Me invadió la impotencia de saber que es poco lo que en estas situaciones uno puede hacer. Le acerqué algo de ropa de mi hijo, que tenía exactamente su edad. Le quedó como a medida. No dejaba de agradecerme. "Te voy a decir 'tío Ale'", me informó sonriente. Entre la ternura y la tristeza, continué mi día. Cuando regresé a la noche, sus cosas estaban en el umbral, se había instalado. Una vecina me comentó que ella le acercó abrigo, porque tenía frío, y algo más de comida.

Pasaron varios días y Axel se había sumado a una cotidianidad que no terminaba de convencerme. Algo está mal si me conformo con darle migajas. Decidí, luego de hablarlo con él, llamar a un programa de ayuda del gobierno de mi ciudad que asiste a menores en situación de calle. Luego de varios y gentiles intentos, logré que se acercaran dos operadores —una joven licenciada en Psicología y un operador de calle— a conversar con Axel. Le ofrecieron un parador donde pasar la noche, y ahí fue. Lamentablemente, las normas de este lugar eran algo estrictas y poco contemplativas de una realidad como la de Axel. Le exigían ser puntual. En la calle hay días y noches, claridad y oscuridad, no hay horas, ni minutos, ni relojes. Conversando luego con los atentos trabajadores de este programa, me confesaron que son pocos los recursos que disponen y que el sistema no contempla la inclusión en primera instancia en un hogar por el alto grado de deserción, cosa que entiendo, pero los pasos de la transición no son lo suficientemente sencillos como para que las soluciones lleguen de manera operativa. Les recuerdo a los lectores que los chicos de la calle no participan de los comicios electorales...

Logré que Axel fuera algunas noches a este parador. Pero había otro problema. A pesar de negármelo, consumía sustancias psicoactivas como la gran mayoría de los muchachos que viven en esta condición. Esto requería de un abordaje más complejo aún, ya que era necesario un dispositivo que le permitiera no solo salir de la situación de calle, sino también rehabilitarse del consumo de drogas.

Las cosas se complicaban, no obstante, persistí hasta que un día Axel dejó de venir. Pensé primero que lo habíamos logrado. Iluso, llamé a la línea del programa de ayuda, pero nada sabían de él. Un día lo vi dirigiendo el tránsito con una gorra y un silbato de juguete a pocas cuadras de mi casa. Me saludó con picardía. Comprendí con dolor que, además de los escasos recursos del sistema, Axel no se animaba a dejar la calle. Allí se había criado, allí se sentía seguro. Sentía que nada malo le pasaría... Estos días volví a ver a Axel en el umbral de mi casa, comimos unas galletitas juntos. Aunque no sea suficiente, sabe que puede contar conmigo. *Esta historia duele, duele el país. Como diría Mafalda, el mundo duele.*

Pensemos ahora, este muchacho que ha sufrido y tenido por desgracia una vida de abandono por parte de su familia y del Estado, se resiste a cambiar a pesar de la posibilidad de mejorar. Esta resistencia al cambio puede crecer mucho más en los jóvenes que cuentan con el permiso de su familia, el confort de una cama calentita y una comida servida en una mesa y no en la puerta de una casa. Cuando los jóvenes se resisten a dejar un *statu quo* de estancamiento, tengamos la referencia de este axioma que rige en todos los órdenes de nuestras vidas: "lo nuevo asusta, lo conocido, aunque sea más cercano al espanto que al amor, tranquiliza".

"Más vale malo conocido que bueno por conocer",
dice el refrán, pero también, como contrapartida,
"el que no arriesga, no gana".

Traigo a cuento la historia de Axel porque necesitamos pensar que, si quien tiene todas las de perder se rehúsa a salir de su zona de confort, mucho más sucederá con aquellos jóvenes que tienen la vida servida en bandeja.

Tenemos entonces una reina sin reino, una gran mujer escondida tras un cuerpo que la "protege", un joven rehén de sus temores y de la enfermedad familiar, y un muchachito que se hace invisible de tanto penar. Distintas historias que, por caminos paralelos, confluyen en el momento en que un ser humano intenta sin éxito apropiarse de su historia y subirse al tren de la libertad. Estos cuatro personajes, tan distintos, NI dejan de ser lo que fueron NI comienzan a ser el porvenir.

Existen historias de Ni-Nis de diferente índole, por lo que refuerzo el concepto de que aquellos jóvenes como Axel, que están en estado de indefensión social, no entran a mi criterio en la conceptualización de la Generación Ni-Ni.

Capítulo 5

———

MUNDOS VIRTUALES.
LA SOLEDAD DE LAS
MULTITUDES

Soledad,
aquí están mis credenciales.
Vengo llamando a tu puerta
desde hace un tiempo,
creo que pasaremos juntos temporales,
propongo que tú y yo nos vayamos conociendo.
Aquí estoy,
te traigo mis cicatrices.
Palabras sobre papel pentagramado.
No te fijes mucho en lo que dicen,
me encontrarás
en cada cosa que he callado.
Ya pasó, ya he dejado que se empañe
la ilusión de que vivir es indoloro.

Qué raro que seas tú
quien me acompañe, soledad,
a mí que nunca supe bien
cómo estar solo.

—Jorge Drexler

El sinsabor del encuentro

Lo fácil hecho difícil

Los protagonistas de la Generación Ni-Ni no estudian de manera sostenida, no trabajan de forma consistente, ni tampoco suelen formar vínculos estables y duraderos. Las relaciones con los otros y su mundo afectivo son uno de los talones de Aquiles de este siglo. En tiempos de COVID preexiste una pandemia de soledades. Al mismo tiempo —o precisamente por eso, podríamos decir—, las múltiples propuestas de la virtualidad para disfrazar la dificultad del encuentro con el otro se multiplican.

La pregunta "¿cómo vincularme con pares?" es muy frecuente en estos tiempos. A menudo, los diálogos con mis pacientes suelen ser en este tópico más que significativos. Yo afirmo, sin dudarlo, que el encuentro con el otro es sencillo, lo hacemos complejo por miedos, y la tecnología es la muleta que utilizamos para contrarrestarlo. Al escuchar estas palabras, me miran sorprendidos y suelen exclamar dichos como los siguientes: "Claro, ¡desde tu sillón es todo muy sencillo!". Y refuerzan su descreimiento con afirmaciones del estilo de: "ya no hay hombres", "¡quién entiende a las mujeres!", "yo no quiero compromisos". Por mi parte, les aseguro, a mis pacientes y a ustedes, que no afirmo esto por las prebendas de mi posición profesional, lo afirmo por total convencimiento.

Un buen ejemplo me lo dio una joven paciente que, frente a mis intervenciones, solía encogerse de hombros como dando cuenta de lo imposible de la misión que le encomendaba cuando la alentaba a atravesar la barrera de su temor a fin de animarse a intentar una "historia de amor", cuestión que, por otra parte, era uno de sus más fervientes deseos. Un día entró al consultorio con la sonrisa en su rostro, contándome de una manera entusiasta su relato: "Tenías razón, era sencillo. Simplemente salí a correr por el parque, al que voy todos los días, pero te hice caso y levanté la mirada, quité mis ojos de las baldosas. Un muchacho que corría a la par de mí se me acercó. Pensé en ir hacia el otro lado, pero me quedé". Conversamos un buen rato, tomamos algo juntos, y me dijo: *"Yo vengo mirándote hace mucho, pero tú no levantabas la mirada del piso. ¡No había manera de acercarme!"*. Tan fácil como salir al mundo, sostener la mirada resistiendo el impulso de presionar el botón de eyectar, y dejar que la situación fluya, sin poner más reparos que los del sentido común y los cuidados razonables cuando estamos con un desconocido, que cambiará de estado solo si habilitamos ciertas instancias de conocimiento.

Recuerdo, y pido disculpas por la digresión, pero creo que es pertinente contarte acerca de unas vacaciones en las que estuve alojado en un hotel. Al entrar a una actividad que estaba comenzando, juro haber leído en la cartelera que a las 9 a. m. había una clase de yoga, me llamó la atención la apariencia física del profesor, un joven musculoso, quien traía un enorme equipo de música en sus brazos. Al poner la música, estas no eran mantras. Una clase de salsa estaba por comenzar. Así como el cine y el canto son santos de mi devoción, la naturaleza me ha negado de dotes para el baile. Y, como sentí que era descortés retirarme, permanecí. Era pura descoordinación. Todos daban un pasito hacia la izquierda y yo lo hacía a la derecha. Todos iban hacia adelante y yo hacia atrás. Francamente, no la estaba pasando bien. Tanto es así que una mujer me miró con mucha compasión, se acercó y, con sus manos, me invitó hacia adelante. Le advertí que temía pisarla, pero ella me dijo: "Déjate llevar, piensas mucho". Y así fue como bailé, claro que no lo hice como Fred Astaire, pero fue mejor que nada. Resultó ser mucho más fácil de lo que pensaba, simplemente debía dejarme llevar y no pensar en mis torpezas. Así es el encuentro con el otro, es sencillo, somos nosotros quienes complejizamos la situación.

Grafiquemos con otro ejemplo. Observemos la manera en que los pequeños de cuatro o cinco años se acercan a un par: con mucha naturalidad, uno le pregunta al otro: "¿quieres jugar conmigo?". Sin embargo, a medida que crecemos, sumamos temores y complejizamos aquellas situaciones que, por default, no presentan mayor complejidad.

Te pido lo siguiente: Busca un espejo y apoya el libro a una distancia tal que puedas seguir leyendo. Ahora, imagina que tienes un escozor en la oreja derecha y procura un alivio para esta situación. Seguramente llevaste tu mano derecha al lóbulo en problemas. Imagino que no realizaste una torsión con el brazo opuesto para así aliviar el picor de la oreja en cuestión. ¿Qué quiero decir con esto? Acercarse al otro debiera ser así de sencillo.

La virtualidad y los artificios tecnológicos al ataque

El ser humano es gregario por naturaleza. Esto significa la tendencia a asociarse con pares de su especie, desde que el mundo es mundo. Ahora bien, ¿qué fue primero, el huevo o la gallina? Me pregunto: ¿La gente se encuentra menos porque tiene facilitados los canales de acceso al otro por la vía virtual o las alternativas en el mundo virtual se han multiplicado para paliar las dificultades que el ser humano ha ido desarrollando para consolidar relaciones con los otros?

Hace ya varios años que la tecnología de los protectores solares crece, acompañando la destrucción a manos del hombre de nuestra capa de ozono. El perfeccionamiento de la ingeniería de los laboratorios dermatológicos para contrarrestar los efectos de los rayos solares va en ruta paralela con los fenómenos que atentan contra la ecología. De la misma manera, podemos plantear que los mecanismos que en las *apps* pululan para facilitar los vínculos entre las personas son una respuesta a una dificultad preexistente y, además, consolidan los obstáculos que se ponen en juego desde el temor a ese contacto directo con el otro. Lo paradójico es que la conexión desde las pantallas es tan fácil que, creo yo, atenta contra la iniciativa de establecer vínculos con el afuera. Observemos algunos de las aplicaciones que han surgido en el último tiempo para facilitar el (des)encuentro con el otro:

a. *Apps de encuentros*

El tiempo transcurre y cada día hay más aplicaciones. Personas "matcheando" corazones. Los criterios y las formas son diversas, pero el objetivo siempre es el mismo: permitir que hombres y mujeres se contacten y se encuentren. Esto intenta dar una solución a la problemática de "solos y solas".

Años atrás, cuando escribí la primera edición de este libro, estaban en auge los grupos de solos y solas. Hoy la tecnología ha crecido tanto que ni estos grupos quedan. También había un sistema llamado *speed dating,* sistema que tiene su origen en el año 1988, en la ciudad de Los Ángeles, promovido por Aish Ha-Torah, una red internacional judía que promovía el encuentro entre jóvenes solteros de ese origen para fomentar los matrimonios entre miembros de la misma comunidad. En ese tiempo, distintas empresas habían implementado este sistema con fines pura y exclusivamente comerciales. Las mujeres, generalmente, esperan en sus mesas a que ocho príncipes azules vayan rotando, con diez minutos de tiempo para demostrarles sus dotes de conquista y habilidades. El coordinador les proveía planillas donde deberían consignar los candidatos que les interesaban y, si hubiera coincidencias... ¡se había formado una pareja! Así decía un famoso conductor de un viejo programa de mi país: "Yo me quiero casar, ¿y usted?".

b. *After office*

Los *after office* son encuentros promovidos en distintos bares y lugares propicios a tales fines, en horarios posteriores a los de oficina, con *happy hour* en tragos con alcohol, para así, desinhibición mediante, poder acercarse a hombres o mujeres que sean de interés. Esto al menos es cara a cara, y no existe una chicharra que suene para indicar que el tiempo se acabó.

En todos los casos, hablamos de una industria que intenta facilitar los encuentros, ya sea a través de las *apps* o en cualquiera de las otras formas. El encuentro será acompañado y gestionado por auxiliares, lo cual, en un mundo supuestamente peligroso, constituye todo un alivio. El hecho es que el encuentro cara a cara con el otro asusta mucho. Al mismo tiempo, se suceden otros raros fenómenos y nuevos verbos: *ghosting* ("fantasmear", en español), "hacerse el otro" —tema para un próximo libro—, etc. Pero lo que quiero remarcar son las dificultades en las habilidades sociales de estas generaciones y el terror a estar dispuestos al amor.

Cuando mi hijo era pequeño, si algo le interesaba, me pedía que fuera yo quien preguntara por el objeto de su interés en algún negocio. Y era lógico pero, a partir de cierta edad, los padres debemos propiciar el contacto con el otro sin filtros, sin intermediarios. En este mundo, la industria del encuentro se ha tercerizado.

Volviendo a nuestros Ni-Ni, tres son los ejes claves en el contacto con el afuera:

a. El estudio

b. La pareja

c. El trabajo

Cualquiera de estos que se destrabe exitosamente aumentará las posibilidades de que se produzca un efecto dominó. Y... ¡abracadabra!, el río volverá a fluir.

Una empresa de comunicaciones ha hecho una excelente campaña en la que muestran un spot que cita lo siguiente: "Desconectarse para conectarse". Una vez más, trataré de ponerle palabras a la imagen. Esta publicidad comienza con una pareja caminando por una playa. Él, absorto en su teléfono; ella se esfuma… De repente, él camina solo. Luego, un joven envía un mensaje de texto desde el banco de una plaza mientras dos guitarras flamean a su lado. Una mujer con su aparato en una sala de reuniones con sillas a su alrededor que se mueven como animadas por espíritus; una colegiala con su teléfono, mientras un ataché y un paraguas que la resguardan de un chaparrón se sostienen a su lado mágicamente; una niña juega desde su celular en el asiento trasero de un automóvil que va por una ruta sin conductor ni acompañantes; un hombre, también va hipnotizado con su fetiche electrónico mientras, a su lado, un lápiz sin dueño garabatea una casa y una persona en un papel. Como en cascada, conforme cada uno va levantando su vista del aparato y conectándose, aparecen una hija que dibuja y mira embelesada a su padre, una familia que en un auto disfruta de un paseo, una madre que cuida a su hija del temporal luego de una jornada de trabajo, amigos que cantan y tocan sus guitarras animadamente y, finalmente, una mujer que camina enamorada junto a su hombre por una playa desierta.

Cuando nos conectamos por un cable a una consola, a un teléfono, a un ordenador o a cualquier aparato que nos abstraiga del afuera, el mundo exterior se congela, queda en pausa. Desconectarse para conectarse, repito, es el eslogan de la campaña. *La conectividad crea la ilusión de ser y pertenecer.*

Hace un tiempo, mi hijo mayor intentaba arreglar una salida con sus amigos a través del WhatsApp. La situación era que uno de ellos no se conectaba, y había prometido ir. Ingenuamente, le pregunté si no era más sencillo llamar a su amigo por teléfono a la casa. Y la respuesta fue: "Si no está *online* es porque no está". Discutimos largamente sobre el asunto. Los tiempos han cambiado, y esto es bueno, pero recordemos que el equilibrio es la esencia de lo saludable. Me resisto a pensar que "la última hora de conexión" sea el tester y comprobación de la presencia del otro.

Dejar de ser profetas en su tierra

Un mecanismo que opera repetidas veces en los intentos de constitución de los vínculos es el de la profecía autocumplida, del cual ya he hablado antes, pero voy a tomarme el permiso de profundizar en él.

Imaginemos a un tenista que debe jugar un partido frente a un rival muy superior en el *ranking*. Si la sensación al momento de salir a la cancha es de excesivo respeto, temor y convencimiento de que es poco lo que va a poder hacer, es muy posible que las diferencias en el juego se amplíen y potencien. El resultado será, seguramente, muy desfavorable, con lo cual se confirmará la hipótesis previa a iniciar el partido. La profecía se cumple por efecto de la profecía misma.

Si una mujer parte del preconcepto de que seguramente no tendrá éxito en sus intentos amorosos y, además, elige un hombre casado que promete un pronto divorcio de su esposa, por citar un ejemplo muy frecuente, se asegurará inevitablemente el fracaso. Al cabo de un tiempo, podrá decir: "Yo sabía", y cada vez serán menos los intentos, y más espaciados, o perpetuarán en el tiempo relaciones muy poco saludables. La creencia refuerza la elección fallida, y esto se retroalimenta negativamente. Me parece importante precisar qué quiero decir cuando me refiero a vínculos saludables o en su opuesto, vínculos patológicos o tóxicos, como se acostumbra a decir en estos tiempos.

Una relación es sana cuando los pilares son el disfrute, el diálogo y la confianza (este triángulo lo aplicábamos a los vínculos padres-hijos, pero se puede extender, sin duda, a todas las relaciones nacidas del afecto). Estos tres se construyen y, para que eso sea posible, hay que animarse a tomar ciertos riesgos:

- La honestidad deberá ser condición infaltable.

- Los buenos tratos deberán ser monarcas.

- Nadie debe soportar bajo ningún concepto situaciones de violencia, ni siquiera por amor.

- Mientras dure, que sea bueno...

Redes sociales, teje que teje la arañita

"Tienes una solicitud de amistad de Tiendas La Carlota". ¡Qué contrariedad! No sabría cómo ser amigo de una tienda, absolutamente todas mis amistades son personas, y me da un cierto temor de que una corporación pueda escribir un mensaje en una computadora. Ya bastante raro me resulta oír un papagayo hablar como una persona. Mi guitarra me acompaña desde joven, pero no es mi amiga, simplemente le tengo afecto por la cantidad de momentos que hemos compartido, pero tengo claro que es madera, cuerdas, diapasón. Si alguna vez me mandara un mensaje por algún medio virtual, ruego a mis amigos y parientes que cuiden mucho de mí, estaría en serios problemas. En los últimos tiempos hemos naturalizado ciertas cuestiones que son más que llamativas y radiografías propias de estos tiempos.

La amistad se construye, y es el resultado de un largo proceso. No se pide y se da; no es un bien, "es un sentimiento", como dicen los fanáticos del fútbol en mi país.

Un joven me hablaba de un compañero del colegio diciéndome lo solo que estaba: "tiene apenas quince seguidores en su muro". Él, en cambio, cuando le pregunté, me respondió que tiene casi 2500. ¡Qué agenda más complicada debes tener si tienes que cumplir con tantas relaciones! La acumulación tranquiliza. Ver que hay mucho de algo da la sensación de alivio. Los amigos virtuales son, en realidad, la ilusión de la pertenencia. La sana costumbre de la yerba mate en mi país, el cafecito en el bar de la esquina muchas veces son reemplazados por "scrollear" —¡esos raros verbos nuevos!— o por twittear" tal o cual cosa.

La hiperconexión engaña

Y repito, es fantástico poder rastrear y reencontrar viejos amigos; lo he hecho, y agradezco esa posibilidad, pero cuando tengo algo de mi vida que quiero contar, algo importante, prefiero elegir a cuál de mis amigos, y no da lo mismo que se entere Tiendas La Carlota —el nombre lo he elegido azarosamente y espero que, si existe una tal tienda, su dueño no sienta esto como afrenta— o aquellos que han recorrido a mi lado los momentos más especiales de mi vida.

En los jóvenes la comunicación prevalece desde este lugar de la multitud, como en las partidas de ajedrez simultáneas, en las que un maestro ajedrecista desafía a múltiples oponentes. La multiplicidad en los chats es moneda corriente; muchas ventanas se abren al mismo tiempo, como una gran mesa con muchos comensales que conversan animadamente. Pero sin mesa y sin comida. Me ha pasado a mí mismo que, en modo "multichat", he mandado mensajes equivocados por estar con mi cabeza en más lugares de lo que puedo administrar. Insisto en que el problema se presenta cuando la virtualidad suplanta otras vías que tienen que ver con el encuentro genuino.

En el fenómeno de los Ni-Ni, la comunicación suele estar obstruida. Son jóvenes solitarios, y la elección de pares tiene que ver con lo que falta, con las carencias. Ser muchos que no se animan tranquiliza. Es como cuando uno rompe la dieta comiendo un rico pastel: si es en compañía, provoca menos culpa.

Los jóvenes suelen decirme: "Todos mis amigos están más o menos en la misma situación que yo", lo cual es lógico y tranquiliza, pero ya lo dice el dicho: "Mal de muchos, consuelo de tontos".

El alcohol, esa compañía etérea

Es menester mencionar un elemento que es el gran compañero de las soledades compartidas: el alcohol. Cuando el monitor no es amo y señor, las reuniones son auspiciadas implícitamente por distintas bebidas con alta graduación alcohólica. Desinhibe, relaja y sienta bien. El gran problema es que la diferencia entre una borrachera alegre y un coma alcohólico es tan solo de una copa. Y más grave aún, no se sabe nunca qué número de copa es esa hasta que llega, y entonces ya es tarde.

**Si de tomar conciencia se trata,
nada peor que tomar alcohol**

Hace ya muchos años, un paciente al que asistía en un dispositivo de hospital de día para personas con toxicomanías, regresó a un estadio de fútbol luego de varios meses de privarse de esta actividad como medida de cuidado para su rehabilitación. En asamblea de pacientes y familias, relató su experiencia con mucho sentimiento y emocionándonos a todos: "Yo siempre estaba de espaldas al campo de juego, drogado y totalmente ausente de lo que pasaba en la cancha. Esta vez, sentado con mi mujer y mis hijas en una butaca, disfruté el partido, vi los goles de mi equipo y descubrí las emociones genuinas. Antes, era adrenalina pura, pero sin conectarme con la experiencia. Les quiero agradecer por ayudarme con esto". Emocionado él, emocionados todos. Creo que esta es "la sal de la vida": permitirse las emociones sin asistencia de sustancia psicoactiva alguna, de cara al sol.

Imagina ahora la siguiente situación: son las 9 de la noche, estamos por partir a una cena, abrigos en mano; se corta la luz, nuestras llaves quedaron en la oscuridad. Tenemos a mano una caja de fósforos. Con un palo y un trozo de tela improvisamos una antorcha y empezamos a buscar. Encontramos las llaves y ahora sumergimos rápidamente bajo el grifo la antorcha, que ya comenzaba a quemarnos. ¿Peligroso, no?

Cuando alguien toma alcohol para poder hallar y liberar rasgos y actitudes que de otra manera cree que no podría poner en marcha, está implementando un mecanismo parecido. El fuego solo acorta los tiempos de búsqueda de aquello que queremos encontrar. El alcohol facilita rápidamente la desinhibición, pero estamos siempre en riesgo de provocar un mal mucho mayor que el beneficio que queremos obtener. En un caso, podemos agudizar nuestra visión, recurrir al sentido del tacto y, con más paciencia y dificultad, hallar las benditas llaves. En el otro, la soltura que encontramos a partir de beber alcohol es algo que está dentro de nosotros, como las llaves en el cuarto. Ni el fuego ni el alcohol van a construir nada que no preexista. El secreto quizás esté en buscar la forma y animarnos a descubrir lo que sin sustancias psicoactivas podemos conseguir.

El inicio de la adolescencia está cada vez más acompañado, tristemente, por diversas sustancias psicoactivas: el alcohol a la cabeza y la marihuana ganan posiciones. Y no nos olvidemos del tabaco, que no es psicoactivo, pero tiene efectos devastadores. El imaginario colectivo se centra en que "la previa", como denominan hoy los jóvenes al encuentro anterior al ir a bailar, es respecto a la fiesta, a la noche, lo que la elongación es a la actividad física. "La previa" no es otra cosa que encontrarse para desencontrarse. Hay una conocida cerveza argentina cuyo eslogan es "El sabor del encuentro". Si hay algo que no propicia el encuentro entre personas, la comunicación, el compartir, eso es el alcohol. En mi país tenemos la costumbre de tomar mate para esos menesteres.

La fantasía es que, tras varios tragos, los miedos que genera la situación de estar expuesto en una pista de baile gracias a la bebida desaparecerán. Nada de eso ocurre. Es cierto que el alcohol tiene efectos desinhibidores pero, así como nadie se convertiría en un asesino —que no es solo por embriagarse—, tampoco se transformará en un *latin lover* si esta no fuera su esencia. Lo que aparece luego del alcohol puede surgir sin él, solo hay que buscar el cómo. Además, los peligros son muchos y graves. No solo por las consecuencias de un exceso en el momento que pueda generar una desestabilización en lo orgánico, sino por el riesgo cierto y minimizado generalmente de un pasaje rápido del "yo lo manejo" a instalar un cuadro adictivo, cuyo tratamiento y rehabilitación es un camino de ripio frente a la alternativa de una ruta de amplios carriles.

Como padres, el desafío es grande. Tengamos en cuenta:

- Es fundamental la prevención desde que los hijos son pequeños, no desde el miedo. Recordemos que la prohibición genera el deseo, propiciemos la información sin tabúes, desde el sentido común, desde el diálogo. Tengamos en cuenta que la etimología de la palabra adicción proviene de *a dicere*, "lo que no se dice", con lo que, si circula la palabra en el seno de la familia, aumentamos muchísimo las chances de prevenir situaciones adictivas.

- Nuestro ejemplo es aleccionador. Muchos padres beben en cantidad y argumentan que los hijos saben que no tienen que hacer lo mismo; están, en esos casos, en una situación de doble mensaje más que peligrosa.

- No jugar al "padre compinche" comprando con los hijos de 15 años cerveza en el supermercado para que lo hagamos juntos. Ni demonizarla ni naturalizarla.

- Seamos conscientes a la hora de detectar un excesivo consumo de alcohol o el inicio en otras sustancias para una consulta y un tratamiento a tiempo. El pronóstico mejora muchísimo cuando podemos tomar precozmente la situación.

En los años que han transcurrido desde la primera edición del libro hasta ahora, el consumo de alcohol en jóvenes ha aumentado, así como la naturalización de esto por parte de padres y madres. Llamo a estas generaciones de adultos "padres amorosamente tibios", con serias dificultades en la puesta de límites y presos de la "trampa del todos lo hacen". Es un tema que me ocupa en primer plano en lo profesional, y tenemos que modificar la mirada, armar redes de adultos, ya que, en este punto, estamos dejando muy solos a nuestros jóvenes.

Ni solos ni acompañados

Me impresiona el abanico de construcciones del lenguaje que están en boga últimamente para nombrar las relaciones de pareja. Veamos:

El *touch and go* (toco y me voy) hace referencia a una relación sin compromiso ninguno y sin perspectiva de crecimiento; "estar en algo" es una categoría intermedia en la que algo más de afecto se pone en juego. "Amigos con derecho" (hay un filme con este nombre, inclusive) se explica por sí solo. El "noviazgo", que todos conocemos, y "estar casados" para muchos jóvenes hacen referencia a una relación de mucho tiempo. La fidelidad a la novia y el perder libertades son a veces sancionados irónicamente por el grupo de pares. Siendo ya un poco más grandes, la "convivencia" marca un grado de determinación claro en el contrato de una relación. Lo cierto es que cada vez parece generar más temor enfrentar definitivamente una situación de compromiso, fidelidad y permanencia en una pareja. Cada vez se observan más a menudo situaciones de indefinición, ambiguas y poco claras.

"Los jóvenes somos muy *open mind* (mente abierta)", me decía un muchachito hace poco, luego de contarme que estaba muerto de miedo de confesarle sus sentimientos a la muchachita con la que "estaba en algo". ¿Recuerdan al regordete de capítulos atrás que disfrazaba su temor de entrar en una cancha para jugar al fútbol bajo la máscara de no querer hacerlo? Algo así entiendo que les pasa a muchos jóvenes a la hora de animarse a una relación. La tibieza es marca de nuestros tiempos; animarse a tomar una ruta, una decisión, jugársela es cosa buena… Les digo, para tranquilizarnos, que los únicos eventos que no tienen retorno son el nacimiento y la muerte; en el medio, nada es definitivo. Pero tiene más sentido cuando se pone el corazón y, para eso, nuestros pies tienen que estar firmes y nuestra cabeza, clara.

Concluyo

La virtualidad obstruye, si es mal utilizada, dos de los tesoros más ricos del ser humano: la espontaneidad y el hermoso riesgo de interactuar y sentir. Transforma, si funciona como carretera principal, las relaciones humanas en actos especulativos. No planteo que seamos kamikazes gobernados por los impulsos, pero no dejemos que el temor y la estrategia ganen la partida en el diario vivir. Los jóvenes que quedan escondidos tras dispositivos sofisticados se pierden ellos mismos en la maraña de la red. Un buen amigo a nuestro lado muchas veces vale mucho más que cientos en una prolija lista de un muro virtual. Y, además, no hay máquina en el mundo que haya logrado emular las sensaciones que nos produce el abrazo de alguien que nos quiere.

Capítulo 6

CUANDO EL PROYECTO DE VIDA SE CONSTRUYE DESDE LA ACUMULACIÓN DE BYTES

No sé lo que quiero, pero lo quiero ya.
Si yo fuera tu esclavo, te pediría más.
No sé lo que quiero, pero lo quiero ya.

— *"No sé lo que quiero". Sumo*

¡Necesito un frutator! La cultura adictiva

Un llamado agonizante interrumpe el descanso del padre, agotado tras una ardua jornada. "¡Papá! ¡Ven! ¡Urgente!". Sobresaltado, el hombre responde al S.O.S. de su hijo de cinco años. Llegar a él le insume segundos que parecen horas. La imagen que encuentra no coincide con la desesperación del llamado. El niño, sentado, mira como hipnotizado la pantalla del televisor.

Sin desviar la vista, toma la mano de su padre, lo atrae hacia él y sentencia: "Papi, ¡necesito un *frutator*!". Atónito y sorprendido, el padre comienza a decodificar lo sucedido. Tras un tiempo en contacto con la pantalla, que emitía un programa de venta directa, uno de esos que apremian "¡Llame ya!", el pequeño fue convencido de que necesitaba (ni quería ni deseaba) un aparato en el que se introduce una fruta que luego será cortada y pelada. ¡El juguete ideal para un niño de su edad! Ese padre era yo y, por supuesto, no compré *frutator* alguno. Lo interesante aquí es tratar de entender el mecanismo por el cual alguien puede llegar a desear desesperadamente un objeto del cual desconocía su existencia minutos atrás. Son tiempos de centros comerciales, de compra directa, de "Haz feliz a mamá, cómprale una depiladora". Por fortuna, y creo fervientemente en esto, la felicidad poco tiene que ver con las franquicias; personalmente, aún creo en aquellas pequeñas cosas, como dice el querido catalán.

En un peculiar paisaje contemporáneo, los cuartos de los niños están muchas veces llenos de juguetes, *chips* y *memory cards*, todos ellos "imprescindibles", con quince minutos de fama y otro tanto de uso. (Aclaro antes de continuar: este análisis de lo macro nos permite entender un factor fundamental en el fenómeno de los Ni-Ni: esta modalidad de cultura es terreno fértil para que un Ni-Ni sea mucho más Ni-Ni. Es decir, esta cultura del "Llame ya" es favorecedora y no causante del fenómeno que nos ocupa).

El ser Ni-Ni, repito, es la combinación y el entrecruzamiento de distintas variables. Una de ellas, y muy importante por cierto, es la del posicionamiento de una sociedad respecto de los valores y el consumo.

La cultura en la que estamos inmersos está atravesada, desde los principios básicos del marketing, por muchos de los pilares esenciales de la patología adictiva. En las adicciones hay una serie de elementos que están presentes en la patología misma. Hay un rasgo que caracteriza los trastornos adictivos: la compulsión. Esto es la sensación inequívoca de que urge resolver imperiosamente, sea la procuración de una sustancia, o la necesidad de jugar en el casino (en la ludopatía) o de comer algo dulce (en el caso de la obesidad). El adicto no puede posponer el deseo y la concreción de este. Jamás escuché a un paciente con este trastorno proponerse "voy a ahorrar para poder consumir droga de mejor calidad", es "ahora o nunca". Recuerdo una joven que lloraba con vergüenza relatando que, en una oportunidad, había vendido los documentos de sus hijos a cambio de algo de cocaína. Cuando pensamos en una cultura adictiva, lo hacemos sobre esta base. Una cultura que propicia la urgencia en la concreción de los proyectos.

"¡No esperes más! Ten ya tu microondas portátil". Y el clásico: "Pídele a papá que te compre...". Las publicidades son un espejo de muchas de las características y los rasgos de las patologías adictivas. Uno de ellos es la imposibilidad de pensar el esfuerzo para procurarse aquellas cuestiones planteadas como metas: todo llega "como por arte de magia". En la vida real, nada de esto ocurre. Un comercial de una gaseosa mostraba a dos afamados futbolistas caminando por un pasillo y conversando.

"¿Quieres mujeres?", decía el más experimentado al más joven.

Chasqueaba dedos y, de puertas ocultas, salían decenas de bellas doncellas dispuestas a todo.

"¿Quieres fama?"

Otro chasquido y, de nuevas puertas, aparecían jaurías de periodistas, micrófonos y cámaras en mano. Cuando salían, y ya al aire libre, un muchacho toma una lata de una "afamada" bebida cola. El más joven intenta el truco y chasquea los dedos mirando al dueño de la bebida, quien le contesta:

"¿Quieres una? ¡Cómpratela!

Es el pensamiento mágico de los niños perpetuado e instalado en la cultura. Pero el esfuerzo es rey en el mundo real.

Lo que está oculto en los medios de comunicación, pero visible apenas tratamos de ver lo que no vemos a primera vista, es la tendencia a desalentar la cultura del esfuerzo y la construcción de un umbral de frustración alto que permita soportar los embates de la realidad y construir recursos frente a las dificultades.

Hace ya unos años se puso de moda aquí juntar monedas en botellas de gaseosa. Se introducían por una ranura hecha con un cúter. La ventaja del método era que no había forma de ir sacando nada de allí, a no ser que se cortara la "alcancía". Esto era un buen freno a la tentación. Con mucha ternura, recuerdo la expresión de júbilo de un paciente de once años cuando, al cabo de más de un año de ahorrar, llegó a mi consultorio con la caja de una consola de juegos, fruto de los aportes familiares, su paciencia y su esfuerzo. Lo maravilloso para este niño, aclaro, no era solo el aparato en sí, sino el orgullo de que había llegado a él con su esfuerzo y tenacidad. Bien por el pequeño y bien por sus padres, que no sucumbieron a la tentación de "sorprenderlo" con adelantarle el presente.

Las cosas obtenidas "a fuego lento" tienen otro sabor. El esfuerzo es la llave del éxito. No conozco otra manera de lucir saludable salvo la de realizar ejercicio y cuidarse en las comidas (debo recordar, dicho sea de paso, que tengo que confirmar la cita con mi nutricionista).

Vi, ya sin sorpresa —lamentablemente, son pocas las cosas que, en los últimos años, logran causar en mí este efecto—, un mensaje publicitario en el que alentaban a enviar un mensaje de texto a un número para recibir, en el teléfono móvil, "tips para estar más flaca". En simultáneo, recibo a menudo madres preocupadas por sus hijas con trastornos alimentarios, quienes envían mensajes para tener recetas mágicas para una silueta "perfecta".

En la ciudad de Buenos Aires hay un parque que, además de lo recreativo, cuenta con la particularidad de tener un sector para pasatiempos. Allí estaba con mi hijo menor, cambiando figuritas del álbum del último mundial de fútbol —apenas 638 estampas, por cierto—, cuando me llamó la atención un pequeño que exclamó orgulloso: "¡Yo soy un grande, voy por el tercer álbum!". Me vino a la memoria la imagen del Tío Rico, de Walt Disney, nadando en monedas de oro en su sala del tesoro. Hace ya algunos años, cuando yo era chico, también coleccionábamos figuritas. Siempre había una difícil de conseguir. Me acuerdo que en el álbum de Tarzán, la de la Mona Chita era casi imposible, solo un amigo del colegio la tenía. Las colecciones duraban casi un año. El sentido estaba puesto en el proceso, ya que jugábamos y las cambiábamos en el colegio. El "mientras tanto" era placentero, y la mayoría de los álbumes quedaban sin completar. Y, de premio, si alguno tenía la dicha de completarlo, había un balón de fútbol para los nenes y una muñeca para las nenas —las cuestiones de género, en aquel entonces, eran bien distintas, afortunadamente, los tiempos cambiaron—. Hoy todo es acumulación, resultado puro. De hecho, en esta feria que mencionaba, suelen vender álbumes con todas las figuritas listas para pegar. ¿Qué gracia tiene?

Éxito y fracaso no tienen que ver con acumular
—tener tres álbumes llenos de una misma colección
no es señal de grandeza—, sino con la posibilidad
de desarrollarse en el plano afectivo.
Poder elegir un rumbo en la vida.
Tener mucho tiene poco que ver con eso.
Trabajar y transmitir a nuestros niños
sobre estos valores esenciales es la tarea.

El fabricante más importante de figuritas de habla hispana les da a los chicos la posibilidad y garantía de completar el álbum. Cada figurita "difícil" deja de serlo si las familias la piden por correo, cada una al precio de un paquete. El fabricante hace su negocio, y lo hace muy bien. El problema es que las familias, padres y madres terminan siendo garantes del sobreempacho de confort en lo que yo teorizo como "síndrome de álbum lleno". ¡No maltratemos a los niños dándole todo lo que nos piden!

Emociones genuinas versus "yo quiero tener un millón de bytes"

Los adultos del siglo XXI vivimos corriendo, abrumados por el trajín, con poco tiempo para el disfrute. Llenar a nuestros hijos de consolas de juegos y muñecos cuyos nombres jamás podremos aprender es, a menudo, una manera de intentar equilibrar las cosas; no la mejor, por cierto. Esa es nuestra parte en el asunto. Debemos intentar no formar "niños pulpos" que breguen por la acumulación. Es un "cuanto más menos" que termina generando vacíos importantes. Un dato a tener en cuenta: los países nórdicos tiene el estándar más alto de calidad de vida, y la tasa también más alta de depresiones y suicidios.

"Más vale sano y rico que pobre y enfermo", decía un tonto, pero la salud parece tener muy poco que ver con la posesión como fin. Muchas veces, los adultos damos cuenta de que esto puede ser así, un crédito paga otro crédito, 50 cuotas sin interés para tener el último televisor que nos dará felicidad, eso sí, junto con el *home theatre*, porque, de lo contrario, no sirve. Pero, además, queremos un dispositivo que permita sentir lo mismo que los protagonistas, guantes extrasensoriales que con solo usarlos nos convierten en Brad Pitt y Angelina Jolie, felices y espléndidos. Y la rueda sigue girando...

Cuando mis pacientes me cuentan momentos maravillosos de sus vidas, esos inolvidables, paradójicamente, escucho historias que tienen que ver con padres que armaron una cometa con ellos, sabores que recuerdan la infancia, la sopa del abuelo... No recuerdo ningún relato del tipo de: "el momento más feliz de mi juventud fue el encuentro con mi primer procesador de doble núcleo" o "la emoción me embargó de manera increíble cuando tomé contacto con el disco rígido externo que adquirí en esa tienda tan bonita". De hecho, si me preguntan a mí, recuerdo con mucha nostalgia los mates de leche en la cocina de mi abuelo, las carreras de miniautitos en el pasillo de mi casa con mis amigos, jugar al fútbol en la vereda. Cierro los ojos y recuerdo relatos de infancia de pacientes y amigos:

- Ir a la juguetería en mi cumpleaños. Podía elegir un juguete, ¡el que quisiera!

- Los soldaditos articulados que me regalaron en esa Navidad.

- El sabor de las galletitas de mis meriendas después del colegio.

- Los cuentos que me contaban antes de dormir.

- Las siestas en las tardes de calor en casa de mi abuela,

- Las primeras vacaciones con amigos en la playa.

- Cuando mi tío me llevó a andar en cuatriciclo hasta el faro por la playa.

No había bytes en ese entonces, no existían cuando era chico pero, aunque hubieran estado, no hubieran podido superar la intensidad de estas vivencias. Es necesario dejar en claro que no reniego en absoluto, ni en lo personal ni en lo ideológico, de la tecnología y los avances que esta nos proporciona: es maravillosa como facilitadora, entretiene, genera atajos en la obtención del conocimiento, es puente con el mundo; el problema es cuando se transforma en un fin en sí misma.

¿Cómo pensar esto desde el fenómeno de los Ni-Ni? *En la vorágine de aparatos, cosas compradas y por comprar, en el mar de la tecnología, se ahogan las posibilidades de proyectar y, en el oleaje, se disimulan las carencias.*

Hay una relación inversamente proporcional en nuestros jóvenes detenidos en su posibilidad de crecer, instalados en nunca jamás entre el confort y la posibilidad de armar y sostener proyectos. La pobreza de ideales y de metas por lograr se ve mucho mejor y más mullida en un cómodo sillón de diseño, frente a un monitor LED. La abundancia funciona como parapeto en este caso. Es notorio que una de mis pasiones es el cine; otra es la música, en particular el placer de cantar. En mi afán por intentar hacerlo medianamente bien, debo luchar contra mis vicios posturales que producen, por ejemplo, que al colocar mi tronco de manera errónea los canales de circulación del aire y la posición básica del cuerpo se vean afectados, por lo que se producen mecanismos compensatorios para corregir el defecto. Si la parte superior de mi cuerpo se vence, la inferior trabajará forzada para equilibrar, no es otra cosa que el principio básico de la homeostasis. Quiero llegar con esta perorata al concepto de que los Ni-Ni sobredesarrollan un sentido exacerbado del confort para compensar la ausencia de proyectos en sus jóvenes vidas. El uno es solidario con el otro.

Y paso del canto al rugby. Quizás hayan oído hablar del *scrum*. Esta es una formación en la que los jugadores de los dos equipos se enfrentan entrelazando sus torsos y sus brazos. Si alguien cede en la presión, la formación se derrumba. La tensión tiene que ser constante y pareja para que esto no pase. Lo mismo ocurriría en el tema que nos ocupa: si el esqueleto que sostiene la estructura de vida de los jóvenes se modifica, algo se caerá, algo tendrán que hacer con esto. Por eso, es fundamental, lo digo una vez más, el rol de los padres. Ellos pueden quitar el banquito para que los hijos se procuren un sustento y un punto de apoyo. También, por supuesto, y a cierta edad más avanzada todavía más, pueden hacerlo los propios hijos. Pero el puntapié inicial suelen darlo, en general, los adultos.

Axioma de las elecciones

Cuando uno elige, algo queda dentro y algo fuera; hay que saber ganar y saber perder. Los Ni-Nis no eligen, quedan atónitos frente a los caminos que en una ruta se bifurcan, nadie les toca bocina desde atrás, apurándolos. Y allí están, permaneciendo, transcurriendo, sin honrar la vida. Si pensamos en una carta en un restaurante, el exceso de opciones abruma; la escasez tampoco ayuda, un menú con cientos de platos así como otro con algunos pocos no colaborarán en la toma de decisiones. Sostengo como hipótesis, entonces, que el Ni-Ni queda pausado como un pequeño al borde de una piscina a la que desea entrar, pero le asusta el frío, se queda en el borde, ni dentro ni fuera. Si se mete, pierde el estar seco y corre el riesgo de tomar un chapuzón no muy grato si el agua está poco templada pero, si no lo hace, no hay chances de disfrutar de un placentero tiempo en ella.

Nuestra cultura tiende a ofrecer innumerables opciones, pero son tantas que abruman, y a los ojos de los protagonistas, nuestros jóvenes, la escasez es lo que abunda, y no encuentran camino ni alternativas. **Mucho de poco y poco de mucho.**

Entonces, nuevamente hablo a los padres, intentemos:

- **Autolimitarnos y educar con el ejemplo.** Un amigo personal decía con buen criterio: "Aquello que por seis meses ni siquiera recordamos que teníamos, seguramente no era de nuestro interés ni de nuestra necesidad".

- **Hacernos tiempo para estimular su imaginación y creatividad.** Con objetos simples y dedicación podemos fabricar grandes juguetes.

- **Utilizar el criterio de la optimización de recursos,** cuidando la proporción entre lo cuantitativo y lo cualitativo. Diversos trastornos (adicciones, patologías alimentarias, etc.) son consecuencia, entre otras razones, de la falta de límites o bien de grandes excesos en los primeros años de vida.

- **Endeudarnos no para comprarles la consola última generación**, sino más bien para tener el tiempo de llevarlos a un parque a andar en bicicleta o a jugar al fútbol.

- **Taparles el sol con la mano cuando les molesta el reflejo no los ayuda a crecer**. El mismo esfuerzo que nos representa a nosotros lograr objetivos tendrán que vivenciarlo ellos, tarde o temprano. Muchas veces predomina la idea de que "ya tendrán tiempo para sufrir", y esto retrasa la puesta de límites y el permiso para "fracasar".

Cuando los chicos ya no lo son tanto, pensemos muy bien si sostenemos la estructura que los confina en el lugar del no crecer —esto es, seguir pagando cuentas de Internet, con wifi, por supuesto, telefonía móvil, etc.—. Si desarmamos el andamiaje del confort, generaremos un conflicto en primera instancia y habrá crisis. Pero la etimología de esta palabra es más que interesante en el conflicto que estamos planteando.

Del griego *krisis*, se remonta a la raíz sánscrita *skibh*, que significa "cortar, separar, diferenciar". Y de eso se trata, de favorecer, mediante las intervenciones que sean posibles, que nuestros jóvenes hagan, sean, decidan, elijan.

Hacerles la vida "amorosamente incomoda" para que puedan salir al mundo adulto, esta es la clave de este libro. Ni más, ni menos.

Capítulo 7

PADRES NO-NO,
MADRES SÍ-SÍ,
HIJOS NI-NI

"Somos lo que hacemos con lo que hicieron de nosotros".

—J. P. Sartre

**Distintas ecuaciones y modelos familiares
en el bricolaje del vínculo padres-hijos**

Hasta aquí me he ocupado de distintas maneras de alentar a los padres a buscar estrategias para que las situaciones o las diferencias que haya con los hijos no se vayan de las manos. Pero es tiempo de describir distintos modelos familiares que, a la manera de una paleta de colores, combinan rasgos de uno y de otro con diferentes resultados en la conformación del cuadro final.

Una familia es un sistema, esto ya lo he planteado. Cualquier movimiento que genere en uno de sus miembros provoca resultados en los otros. Muchas veces, los hijos, como ya hemos visto, llevan sobre sí el mandato implícito de permitir y sostener un falso equilibrio en el conflicto familiar. En la mitología griega, fue Atlas el condenado por Zeus, luego de ser derrotado por los dioses del Olimpo, a cargar los cielos sobre sus hombros. Así vemos a diario sufrientes hijos que soportan sobre sí las frustraciones de quienes lo trajeron al mundo. Si la dejaran caer, cosas terribles ocurrirían. Realmente, los padres se encontrarían con su realidad y deberían hacerse cargo de esta. Este "pequeño favor encomendado", como aclaré en otras ocasiones, no es voluntario, pero sí frecuente.

Analicemos diferentes modelos posibles y sus consecuencias.

Padres que miran sin ver

"¡Hoy gran pizza *party*; gracias, mamita!". Así rezaba el muro de la red social de Rocío, una jovencita de dieciocho años que se había provisto directamente de las arcas familiares de unas botellitas de alcohol y de algo de dinero para invitar a sus amigos a un festín en ausencia de sus padres. Lo interesante es que, pese a saber que su madre habitualmente *hackea* sus claves y espía sus publicaciones, deja este simpático cartel a manera de agradecimiento y de advertencia. Ella parece decir: "**Hagan algo conmigo, porque me estoy saliendo por completo de los límites que no saben ponerme. Deténganme, que todavía no soy tan grande**".

Hay travesuras que son solamente eso, travesuras, y otras, como esta, que son pedidos de ayuda. Sus padres tienen cuarenta y tantos años; se los ve cansados y, lo que es peor, derrotados y cabizbajos.

- "No sé qué más hacer... le hablo y no me entiende, es una causa perdida".

- "Es una desamorada, hacemos todo por ella, ¡hasta seguimos juntos!", dicen uno y otro de su hija, y discuten entre ellos.

- "¡Es tu culpa que siempre le diste todos los gustos, nunca supiste decirle que no!".

- "Es tu responsabilidad que no sepas cómo acercarte a ella".

Altón Pirulero, cada cual atiende su juego.

Intervengo. A menudo quisiera tener un silbato para hacerlo sonar en estas oportunidades, o un martillo, como Su Señoría, que impone "¡Orden en la sala!". Se culpan uno a otro y, mientras tanto, Rocío sigue agradeciendo lo que no hay, la fiesta que no pudo ser. Decido citar entonces a una entrevista familiar. No es dinero, celulares, o hacer lo que le venga en gana lo que esta niña desea.

"No te das cuenta —hablándole a su padre— que nunca me diste un abrazo, no te percatas si estoy triste o alegre, lo único que me has mirado son los boletines. No necesitaba que trabajaran todo el día para después estar cansados y malhumorados a la hora del encuentro. La cena es comer rápido para después lavar los platos y ya. ¡Un beso y un abrazo, solo eso era! ¡Es tan difícil darse cuenta?".
Llora, grita y suplica. Esta niña conmueve a sus padres —confieso que a mí también—, que no saben qué hacer con la emoción.

La paradoja es que estos no son padres ausentes; de hecho, es la madre la que inicia la consulta, dándose cuenta de que algo funciona realmente muy mal en la relación padres-hija. A menudo bromeo con mis pacientes cuando tengo la convicción de que mi percepción no es un "quizás" o un "me parece", sino un "estoy completamente seguro". Los "desafío" apostándoles mi querido carnet del Club Atlético San Lorenzo de Almagro, del cual soy sufriente simpatizante en materia futbolística.

Cuando en una entrevista su mamá aseguraba que su hija había dejado de quererla, le aposté ese precioso bien con la certeza de que Rocío solo quería que sus padres entendieran que las cosas no eran como parecían. Por fortuna, conservo mi querido carnet.

¿Recuerdan lo que les contaba de la *miss direction*, aquellas maniobras distractoras de los prestidigitadores para que el público no se percatara de la trampa que se activaba? Eso intentaba esta niña con su pizza *party* y tantas otras señales que a sus padres, lejos de facilitarles la percepción, les provocaban enojo y angustia.

Tenemos entonces una mamá que se rigidiza, un padre que se declara impotente y una hija que hace desmanes, ubicándose en el rol de la adolescente fuera de control, para ver si con esto logra que la situación se revierta.

He aquí la primera ecuación:

madre rígida + padre impotente = hija transgresora

Nuevamente, entiendo que la transgresión, en este caso, es una vía para intentar que algo se modifique, y no lo ha logrado aún. Esta es una combinación posible. Cuanto menos saludable y más tóxico sea el contexto familiar, cuanto menos aire puro se respire puertas adentro, mayor será el esfuerzo que los hijos y la familia entera deberán hacer para que la contaminación sea procesada puertas afuera.

"Mi hijo será como Messi o no será nada"

Una madre le obsequia a su hijo para el cumpleaños dos corbatas, una roja y otra azul. Al día siguiente, el muchacho, para complacerla, decide ponerse una de estas, la azul. Cuando baja a desayunar, su madre lo mira. La congoja se apodera de su rostro y exclama: "¿La roja no te gustó?". Cualquier parecido con la realidad no es mera coincidencia.

Me referiré ahora de los "padres barril sin fondo". Más precisamente, a una combinación en la que, a la sobreexigencia, le suman un exceso de proyecciones de deseos propios depositados y transferidos sobre los hijos. Me es difícil escoger de manera fácil una viñeta en este punto, ya que abundan los ejemplos de familias con esta modalidad.

Alumnos de un promedio alto llegan a su casa con un siete en un examen y reciben como primer comentario: "¿En qué te equivocaste?". Dar por hecho que hacer las cosas bien es lo que corresponde es un error de crianza muy frecuente. "Es lo que corresponde", suelen decir los padres cuando algo se hace bien. Sin caer en el otro extremo y celebrar cada logro de los hijos como si fuera un gol de final de copa del mundo, estimular y mostrarles nuestra satisfacción por las cosas que intentan y consiguen es un capital que les servirá para siempre. Aprenderán a confiar en ellos y a animarse a probar.

Hay miradas de los adultos que posibilitan el desarrollo personal y otras que paralizan los procesos evolutivos y creativos. Estas últimas tiene efectos aplastantes y devastadores. Provocan mucha tristeza.

Todos necesitamos una mirada que nos aliente; el mimo siempre es bienvenido. Sin embargo, una excesiva dependencia de la aprobación del otro a menudo tiene relación con una historia de descontento respecto de adultos que nunca estaban del todo conformes con lo que sus pequeños decidían y elegían. Asimismo, suele pasar que las constelaciones familiares se encadenan y se repiten de generación en generación. Hombres y mujeres que han sufrido en su historia como hijos y, cuando ya son padres, sin tener elaborado el padecimiento pasado, repiten el esquema con los propios. Insisto, no con malas intenciones, sino por la imposibilidad de procesar y elaborar lo vivido.

Recuerdo una consulta en la que un adolescente me es "traído" por su padre, quien plantea que su hijo "es un deportista eximio, pero que el problema —en la especialidad en la que competía— son las serias dificultades para cerrar los partidos". Me quedé callado a la espera de la continuidad del relato. Pero no, eso era todo.

Le pedí al padre que me dejara a solas con el muchacho —tenía 14 años— y le pregunté, sencillamente, si este era un tema de su preocupación, si él realmente quería dedicarse al deporte. Respondió que, de ninguna manera, él solo jugaba por placer; el deseo de que se transformara en un exitoso deportista era exclusivamente de su padre. Sin embargo, confesó sufrir, y mucho, por esta imposición que no podía ni quería cumplir. Me quedé a solas con el padre, quien me aseguró que la historia de su familia era la de una elite de deportistas, y que eso es algo que se lleva en la sangre. Le expliqué que no podía ayudar al joven a ser un triunfador, que quizás, si lo aceptaba, podría trabajar con él mismo para pensar y entender por qué se empecinaba en lograr que su hijo fuera algo que no quería ser. Visiblemente molesto, me planteó que iba a realizar otra consulta con un profesional que pudiera darle lo que él buscaba. Deseo, por el bien de ese muchachito, que no lo haya encontrado.

Es habitual observar que, aun con rendimientos más que satisfactorios de los hijos, si las expectativas familiares son excesivamente altas, a los adultos les es imposible disimular su decepción.

Me animo a pensar que para un hijo debe de ser uno de los sentimientos más dolorosos el saber de la frustración de sus padres respecto a él. Esta frustración, repito, suele desprenderse de la sumatoria de las expectativas instaladas sobre los hijos que a menudo se encadenan a experiencias fallidas de los padres o, por el contrario, historias familiares que "deberán" prolongarse en la descendencia.

Mi hijo pequeño juega al fútbol desde muy chico. Comenzó a concurrir a una escuelita de este deporte desde los 4 años. En la primera muestra de fin de año, me senté a observar el partido de unos niñitos que casi no levantaban del suelo, mi hijo entre ellos, y me empezó a incomodar una madre que a mi lado le daba indicaciones con sorprendente vehemencia a su pequeño: "¡Márcalo!", "Corre", "¡Fíjate que te sacan la pelota!". Hasta que colmó y traspasó todos los límites de la prudencia, la sensatez y la cordura, y le gritó, en un momento en que un pequeño de rulos corría solo hacia el arco que defendía su hijo: "¡Quiébralo!". En ese preciso instante, terminó la experiencia de mi hijo en esa escuela; por fortuna, dimos con una, a la que concurrió varios años, en la que el entrenador tiene el suficiente manejo de niños y padres como para amortiguar este tipo de excesos tan nocivos para propios y ajenos. Años más tarde, vi a un padre festejar el momento en que un pequeño, de más de ocho años, se lesionó, ya que este incidente frenó el avance de un rival que iba derecho a convertir en la meta del equipo de su hijo. Sin palabras...

En los filmes norteamericanos, podemos ver frecuentemente historias de padres que "estimulan" a sus hijos a ser grandes beisbolistas, algo que ellos no pudieron ser. Algunos tienen moralejas aleccionadoras. Los ideales ligados inevitablemente al éxito como pilar constituyente de la felicidad aparecen a diario, y son alentados desde muchos lugares de nuestra cultura.

Ya he hablado en extenso de eso, y saben que mi posición no va por ahí, creo en otro tipo de triunfos más allá de los parámetros establecidos.

*Esta obsesión en que los hijos
sean aquello que quisimos y no pudimos ser
es uno de los grandes temas
en los tratamientos con familias.*

Los boicots involuntarios de los proyectos de los hijos son, muchas veces, resultado de la propia exigencia de los padres, y otras, de las frustraciones que no han podido ser resueltas y siguen haciendo ruido.

"No te embarques en ese proyecto, quién sabe si resultará...".

"Mmmm, ese muchacho no es para ti, es un buen joven pero...".

"¿Una banda de música? ¿Piensas que llegarás lejos con ese 'tachín tachín'?".

Flexibilidad, plasticidad y capacidad de adaptación son aspectos claves a la hora de acompañar el crecimiento de los hijos.

Es inevitable imaginar un futuro para ellos en función de nuestras propias historias de vida, nuestros ideales, valores y principios. Sin embargo, no debemos nunca perder la perspectiva de la singularidad, de la esencia del individuo, el ser único y libre. Cuidarlos, dejar señales que ellos puedan tomar para orientarse y, como ya dije, siendo algo así como un aeropuerto del que puedan despegar para regresar cuando lo requieran. Convivir con la diferencia entre lo deseado, lo proyectado y lo esperado por nosotros como padres y lo que nuestros hijos realmente son constituye un gran desafío.

He oído a menudo padres que afirman: "Si mi hijo llegara a ser homosexual, que se olvide de que tiene un padre". Afortunadamente, estas expresiones son cada vez menos frecuentes. El mundo evoluciona. Que nuestro hijo sea hincha del club de fútbol archienemigo del de nuestros amores, que elija una sexualidad diferente, que decida ser músico en lugar de doctor, constituye para muchos padres profundas heridas narcisistas. Habrá que ver la dimensión del amor propio en relación con el amor filial y, en virtud de lo que de esa balanza resulte, se podrán superar exitosamente esas elecciones no compartidas ni esperadas que los hijos pueden hacer.

Vemos en muchas películas de acción y aventura que los protagonistas quedan atrapados en una habitación cuyas paredes se van moviendo, achicando los espacios de manera asfixiante. Los hijos se sienten de esta manera entre los deseos y las expectativas de sus padres y los suyos propios.

Intervengo sin dudar en los grupos de reflexión cuando los padres utilizan expresiones del estilo de: "mi hijo no me come", "nos trajo una baja calificación", "se separa de su novio, ¿por qué me hace esto?". La tendencia a autorreferenciar las conductas de los hijos dificulta, una vez más, la posibilidad de separarlos de nosotros como seres diferenciados que son. Y, muchas veces, nuevamente, se pone en marcha la profecía autocumplida. Desde un plano inconsciente, la frase podría ser para los padres. "¿Quieres que te traiga malas notas, crees que son para ti? Pues aquí tienes, ¡montones de notas espantosas, así llenas de bronca!". Si esto pudiera ser verbalizado por los jóvenes, los fracasos no serían tantos. Lamentablemente, a veces, la claridad se presenta unos minutos más tarde de lo que quisiéramos. Estas situaciones tienen impacto directo sobre la construcción de la autoestima. Esto es sencillamente la propia valoración respecto de uno mismo.

Lamentablemente, en los últimos tiempos, en esta cultura "psi" en la que vivimos, ciertos términos se han visto vapuleados. Es común escuchar frases del tipo de "ando con la autoestima baja", como si habláramos de la presión de los neumáticos del automóvil. No obstante, esto no deja de ser un elemento fundamental en la construcción de la personalidad. Sentirse un patito feo, cuando en verdad se es un cisne de cuello largo y flexible, suele ser un patrón repetido.

Tenemos entonces la segunda ecuación posible:

La voracidad de los padres provoca inapetencia en los hijos.

De seguir esta ecuación, los hijos no serán futbolistas, no serán beisbolistas y mucho menos serán felices. La obligación, por más difícil que nos resulte, es poder entender y acompañar el proyecto personal de los hijos sin que el nuestro los eclipse.

Padres No-No, madres Sí-Sí, hijos Ni-Ni

- "¡Ya verás cuando llegué tu padre".

- "Hazlo, pero que no se entere tu madre".

- "Déjalo, pobrecito".

- "Mamá, ¿me compras eso? ¡Papá me dijo que no, pero dale, porfi, cómpramelo!".

Podríamos seguir con esta lista un par de páginas más, pero para muestra basta un botón. Es fundamental, y al mismo tiempo poco común, que los padres funcionen entre sí de manera absolutamente aceitada y en equipo.

Imaginen un jugador en un terreno de juego con dos directores técnicos que le dan indicaciones opuestas. Quedará perplejo sin saber a quién obedecer. Lo mismo pasa con los hijos cuando reciben indicaciones encontradas; si bien pueden evidenciar alivio cuando uno de los adultos le da lo que piden a expensa del otro, lo que predomina por debajo de lo superficial es el desconcierto y cierta angustia.

No tiene demasiado peso en esta cuestión si los padres viven juntos o separados; los acuerdos tienen que ver con el tipo de comunicación que tengan entre ellos. Y es erróneo pensar que, por estar bajo el mismo techo, la palabra circula en la pareja de padres de manera más fluida que cuando no lo están. Conozco muchos ejemplos de matrimonios que han disuelto el vínculo, no obstante, en lo atinente a la crianza de los hijos y a las decisiones compartidas, se manejan con absoluta coherencia. Aunque es cierto, también, que muchos hijos también sacan provecho de la distancia física entre uno y otro en lo que podemos pensar como el beneficio secundario de una situación problemática.

Hay un aparatito maravilloso —para aquellos que intentamos tocar algún instrumento— que afina digitalmente, por ejemplo, las cuerdas de la guitarra. El 440 Hz es un patrón de referencia surgido de una convención para afinar los instrumentos musicales que se ha estandarizado desde hace ya más de cincuenta años. Cuando el sonido llega al 440, una luz verde se prende en el *display*, señal de que la nota está en el punto justo, ni por debajo ni por encima de las vibraciones que dan la sonoridad que buscamos. Esta es una figura interesante respecto del equilibrio como punto de referencia a lograr no solo con los hijos, sino en todos los planos de la vida.

En el lenguaje musical, cuando dos o más voces amalgaman, se dice que estas se encuentran empastadas. Si esto sucede, será más que agradable para el oyente, lo que se escuche será armónico. Cuando las cosas marchan en una familia, los acuerdos funcionan, los adultos empastan. Podrán existir dificultades, pero estas serán mucho más sencillas de superar.

Les ofrezco una pequeña receta: una joven pareja de padres relataba cómo se organizaban para enfrentar las pataletas de su pequeño, bastante frecuentes, dado que acababa de "nacerle una hermanita". El que se encontraba en mejor estado psicofísico de los dos comenzaba la contención. Cuando la paciencia comenzaba a agotarse, entraba en escena el otro. Y así, hasta que el berrinche cesaba. Un verdadero trabajo en conjunto y, sobre todo, un alivio para ambos saber que podían contar con el otro.

Una pareja de padres desafinada aturde a sus hijos.

Un padre No-No es aquel que:

- Hace valer su palabra como ley incuestionable. "Es así porque yo lo digo" suele afirmar.

- No permite el cuestionamiento y menoscaba la palabra de los demás integrantes de la familia.

- Lejos de provocar respeto, es miedo y bronca lo que su posición genera. Y mucha tristeza.

- No hay lugar para el disfrute compartido en familia. Sin embargo, es frecuente que sea muy querido y sociable en otros ámbitos de su vida. "Adentro es una persona y afuera otra totalmente distinta".

- A su lado suele haber una esposa y una madre sufriente que, para compensar, se ubica frecuentemente en el otro polo.

Las madres Sí-Sí:

- Sobreprotegen a sus hijos para intentar compensar la rigidez paterna.

- Temen, generalmente, tanto como los niños, a este hombre rígido e impenetrable.

Este modelo disfuncional de familia es muy frecuente. *Aclaro que tendemos a pensar, desde los estereotipos, al hombre como el autoritario y a la mujer en el rol opuesto, pero es habitual también que sea a la inversa.* Los resultados son igualmente nefastos.

Podemos modificar los términos de esta ecuación de varias maneras; en todos los casos, lo que prima es la contradicción como reina y señora. ¿Y los hijos? Mal, gracias. Hacen lo que pueden y como pueden.

Una muchachita de 20 años me confesaba que iba a intentar empezar a ocuparse de ella y dejar de mirar lo que pasaba con sus padres. Este es el efecto, es como dejar a una persona malherida en la calle. Los padres sufrientes y en permanente contradicción rara vez habilitan la salida de los hijos, ya que se muestran tanto o más frágiles que ellos.

El sano equilibrio

No voy a hablar de una situación ideal, con madres abnegadas, padres atentos e hijos amorosos. No hace falta tanto, es solo la historia de una familia que pudo hacer las cosas de manera saludable, lo cual no es poco.

Julieta tiene hoy 26 años. Vive sola desde hace un año. Se recibió de licenciada en Sociología. Sus padres son Marcelo y Lucía; y sus hermanos, Ezequiel y Sofía. En la casa de Julieta no pasan grandes cosas, o sí. Pasa que se quieren, pasa que en la cena conversan. "Mis padres van de la mano por la calle. Todos nos saludamos con un beso cuando uno llega o se va. ¿Somos raros no?", dice Julieta y se ríe.

Temo, cuando comienzo a relatar esta historia, que al lector le pase lo que quizás pasaría en una telenovela en la cual no hubiera villanos, los protagonistas se dieran el primer beso en el segundo capítulo y el conflicto fuera que los enamorados no se pusieran de acuerdo en el destino de la luna de miel... Tendría poco rating, supongo. Lo que vende es el conflicto; los programas de policías en acción y médicos de guardia que atienden heridos de bala son mucho más solicitados. Advierto, entonces, que en el breve relato que sigue hay escenas aburridísimas de una familia que trata de pasarla bien y que, generalmente, lo consigue.

Julieta me consulta por algunas situaciones en el plano laboral que le cuesta enfrentar. A veces me dice que esta familia tan armónica que le tocó le complica algo las cosas, le cuesta enfrentar los conflictos. Nada es perfecto, pero le sugiero que no se queje. Tiene cimientos sólidos sobre los cuales construir su historia.

En esa casa, el disfrute no es una especie en extinción. Los encuentros familiares suelen ser placenteros. Por supuesto, nunca falta esa tía que es "francamente insoportable", o la prima envidiosa y solterona; pero lo otro es más fuerte.

Pueden despegarse sin problemas; Julieta se fue a vivir sola con mucho miedo, pero con el apoyo y la ambivalencia lógica de sus padres. Está construyendo una pareja propia muy saludable; eligió y fue elegida por un joven que la quiere, la cuida y la respeta. Hace muy poquito, antes de decidir irse a vivir sola, Julieta tuvo una señal: "No sé qué me pasa. No aguanto más a mis padres. Ellos no hacen nada nuevo, pero no soporto que de repente mi papá se me acerque y me abrace cuando estuvimos todo el día juntos. Mi mamá me sigue preguntando, como cuando era más chica, si vuelvo a dormir, si llevo la llave; me pide que me abrigue. En realidad, hace cosas de madre ¿no?". "Me parece que estás necesitando dejar la casa de tus padres. Lo que antes te resultaba cálido y acogedor, hoy te irrita y te provoca urticaria", le respondí.

Introduzco una referencia autobiográfica. En el 2009, estuvo en el aire una excelente miniserie argentina con el gran actor Julio Chávez. Hablo de *Trátame bien*. Contaba la historia de una familia, con sus conflictos y desavenencias, y uno de los ingredientes excelentemente logrados era la difícil relación de José, el protagonista, con Damián, su hijo adolescente. José intenta, y sufre con ello, acercarse a este hijo que crece, necesita despegar y se muestra arisco y hosco. Queda en situaciones incómodas a menudo. En una escena, mientras Damián está duchándose, su padre entra al baño, se sienta y permanece en silencio. Su hijo se asoma por la cortina de la tina y le interpela qué hace allí. "Vine a conversar", le explica José. Damián se irrita y, muy enojado, le pide que deje el lugar, pues no respeta su intimidad: "¡Cómo puede ser!".

Como padre de un hijo adolescente, conozco sobre esto. Es muy complejo para los padres no dramatizar los "desplantes" —mi hijo suele decirme que estoy en una etapa sensible de la vida, y tiene razón—. Debemos comprender que la adolescencia es una etapa en la que es necesario redefinir el vínculo; si hay afecto y diálogo, no debería ser tan complejo.

Volviendo a Julieta. ¿Por qué pudo ella crecer y despegarse de sus padres, asustada pero sin paralizarse? ¿Qué diferencias hay entre su historia y las de los Ni-Ni? En primer lugar, los rasgos propios de su personalidad, pero con eso no es suficiente.

• Padres que, a pesar de los temores lógicos, hicieron lugar a las inquietudes de su hija y pudieron posponer conflictos propios, y mantener cerrada la puerta de estos y abierta la de salida para que su hija dispusiera de ella.

• Nunca fue rehén de los conflictos familiares, aunque claramente los hubo, de carne son.

Julieta me contaba que, en sus primeras salidas, el padre estaba muy temeroso, y que su madre lo tranquilizaba y mantenía callado. Ella equilibraba las "ansiedades paternas" con su propia calma.

• Los adultos pudieron soltarla a tiempo.

• Se crio y creció en un ambiente de calidez, donde los afectos y los mimos estaban a la orden del día. De los adultos hacia ella, y de ella hacia sus padres. Algo que me llamaba la atención era que, siendo más joven, nunca se enojaba con los padres. Por suerte, pudo empezar a hacerlo, y ahí dio el salto.

• Pudo ella y pudieron sus padres dar lugar al error y volver a intentar. Inició la carrera de Psicología durante un año, pero se dio cuenta de que no era por ahí. Se enojó, se angustió lo necesario, se bajó y volvió a empezar. No fue nunca cuestión de vida o muerte.

• Y, lo más importante, siempre supo, porque así se lo transmitieron, que vida hay una sola —más allá de posibles reencarnaciones, según diferentes creencias—, y que hay que vivirla corriendo riesgos, los saludables del buen vivir.

Una consideración fundamental respecto de los Ni-Nis en virtud de las diferentes ecuaciones posibles en la constelación familiar: suelo decir a mis pacientes que la familia que cada uno tiene en suerte es como esos chocolates que traen sorpresas. Por fuera, todos iguales; por dentro, como dicen los chicos, "la suerte es loca, lo que toca, toca". Podrá ser un auto maravilloso o un rompecabezas de piezas de cartón que se rompe antes de armarlo. La familia que nos toca es en suerte, es verdad, pero lo que uno elija y construya a lo largo de su vida con sus vínculos no lo es.

A pesar de lo dicho, no les quito de ninguna forma responsabilidad a los hijos cuando estos ya han crecido. Siempre postulo que hay un momento en la vida en el que uno debe dejar de responsabilizar a los padres por aquellas cosas que no pueden lograr y, desde un lugar adulto, hacerse cargo de la propia historia y de las decisiones que debe llevar a cabo.

Desde ya que un pasado armonioso facilita las cosas, pero, si no es por la voluntad y las capacidades de enfrentar lo complejo y doloroso, no habría chances de cambio en lo individual ni en lo colectivo.

Un paciente graficaba su sentir con la siguiente imagen: "Estoy siempre como en un columpio, meciéndome entre la adolescencia y el ser grande. Sé las cosas que debería hacer, pero al momento de tomar la decisión, el movimiento me lleva para atrás, y no doy los pasos que quiero dar". Claro como el agua cristalina. De él depende bajarse de allí. En definitiva, tenemos el tesoro maravilloso de la libertad, ni más ni menos…

Capítulo 8

CONCLUSIONES Y PROPUESTAS PARA PADRES, EDUCADORES, COLEGAS Y, POR SUPUESTO, PARA JÓVENES NI-NI

Palabras para Julia

Tú no puedes volver atrás,
porque la vida ya te empuja
como un aullido interminable.
Te sentirás acorralada,
te sentirás perdida o sola,
tal vez querrás no haber nacido.
Yo sé muy bien que te dirán
que la vida no tiene objeto,
que es un asunto desgraciado.
Entonces siempre acuérdate

de lo que un día yo escribí
pensando en ti como ahora pienso.
La vida es bella, ya verás
como a pesar de los pesares,
tendrás amigos, tendrás amor.
Un hombre solo, una mujer,
así tomados, de uno en uno,
son como polvo, no son nada.
Pero yo cuando te hablo a ti,
cuando te escribo estas palabras,
pienso también en otra gente.
Tu destino está en los demás,
tu futuro es tu propia vida,
tu dignidad es la de todos.
Otros esperan que resistas,
que les ayude tu alegría,
tu canción entre sus canciones.
Entonces siempre acuérdate
de lo que un día yo escribí
pensando en ti
como ahora pienso.
Nunca te entregues ni te apartes,
junto al camino nunca digas:
"no puedo más y aquí me quedo".
La vida es bella, tú verás
como a pesar de los pesares,
tendrás amor, tendrás amigos.
Por lo demás, no hay elección,
y este mundo tal como es
será todo tu patrimonio.
Perdóname, no sé decirte

nada más, pero tú comprende
que yo aún estoy en el camino.
Y siempre, siempre, acuérdate
de lo que un día yo escribí
pensando en ti como ahora pienso.

—*Juan Agustín Goytisolo*

Lo difícil de terminar

Algo curioso pasó en estos últimos días con mi trabajo sobre este libro. El ritmo que venía manteniendo se modificó, enlenteciéndose por un tiempo. Lo atribuí al cansancio, quizás a la acumulación de otras cosas. Hasta que me di cuenta de que estaba por empezar a escribir el último capítulo. No había sido esas casualidades de la vida este pequeño retraso. El empezar a finalizar esta obra me produce, si miro para mis adentros, una sensación agridulce.

Por una parte, la satisfacción de concluir una tarea que me está resultando absolutamente placentera —y ojalá que a ustedes les suceda algo parecido cuando la lean—; por la otra, la tristeza de terminarla. Ya no me volveré a sentar a escribir este libro. Y me apena, pero continúo. Lo curioso de esto es que esta misma sensación, pero amplificada, es la que viven los jóvenes de los que nos ocupamos, la Generación Ni-Ni. Ese paso necesario para finalizar puede ser el colegio, formalizar una relación afectiva o una laboral, cualquier instancia que los ubique cerca de la adultez. Ahí es donde remolonean, como yo, sin darme cuenta, lo hice para comenzar a finalizar. Termino el libro, seguirán nuevos proyectos; pero aún no los conozco...

Quiero en este capítulo hablarles por separado a mis colegas, a los educadores, a los padres y madres, principales interlocutores a lo largo de este libro y, por supuesto, a los jóvenes, principales protagonistas en esta historia.

Palabras a mis colegas

Cuanto más conozco a los niños y a los jóvenes, más trabajo con las familias… En los últimos años, han sido muchos los tratamientos que inicié y concluí con un dispositivo terapéutico y una estrategia que incluían solo entrevistas con los adultos, sin llegar a conocer a quienes en principio eran sujetos de la consulta, los hijos. En algún caso, confieso, en la entrevista de cierre quise conocer a quien había sido partícipe, en ausencia, de todo el recorrido terapéutico.

En los últimos años he intensificado la actividad de los talleres para padres. Este es un espacio que, desarrollado en forma adecuada, tiene una riqueza inagotable. En una primera instancia, comencé hace más de 20 años con una modalidad de trabajo que alternaba en la dinámica de cada encuentro los planos teóricos por mí aportados, así como los vivenciales, traídos por las inquietudes de los padres participantes. Cada taller tenía una duración predeterminada, y el programa se elaboraba en conjunto con los participantes, y habitualmente no excedía los diez encuentros. Empezó a suceder que, al concluir, algunos de los padres me pedían participar de un nuevo módulo. Esta demanda me obligó a replantear la definición del encuadre que hoy día tiene la forma de un espacio continuo, sin ser un grupo terapéutico. La temática sigue siendo focalizada en aspectos de los vínculos padres-hijos.

Esta modificación fue el producto de entender la necesidad de contar con un espacio para pensar, del que puedan entrar y salir cuando lo necesiten, y al que yo pueda aportar, desde mi experiencia y mi saber, el hecho de formar una red en donde intercambiar vivencias entre ellos sea sumamente enriquecedor.

Una de las madres, hace unos años, tuvo la iniciativa, con mi aval, de crear un blog cerrado, para hacer crónicas de cada uno de los encuentros. En un mundo que invita al individualismo, que resta en lo social, que asusta por el espanto de las hambrunas, las guerras y los fenómenos de destrucción del planeta, el trabajo en el plano de lo micro es posible.

Cada vez son más las consultas de jóvenes y de padres que padecen esta pausa en el proceso de crecimiento y evolución del pasaje a la adultez, resultando en lo que aquí denominamos "síndrome Ni-Ni".

Sugiero y propongo, entonces, intensificar y redoblar la prevención. Esto es, permitir y ayudar a los adultos a disponer de sus herramientas desde el inicio de la paternidad y maternidad, para sentirse capaces en el maravilloso y complejo mundo de la crianza. También creo que urge complementar las estrategias profesionales con políticas sociales que contemplen esta problemática, que crece y preocupa. Políticas no enfocadas desde el asistencialismo, sino desde la comprensión del fenómeno y el diseño conjunto con especialistas. Es necesario formar e implementar distintos programas de capacitación, escuelas para padres, hacer masivos los programas de orientación vocacional —seriamente y en sentido amplio—. De nada sirve administrar un test en forma grupal, con una devolución que los chicos no terminan de entender, para que los padres la archiven en una cajonera de la sala de la casa. Estoy convencido de la necesidad del trabajo de hormiga como agente multiplicador. Cada profesional, más allá de la corriente teórica a la que adhiera, puede intentar elaborar dispositivos que se adapten a los tiempos que corren.

Así como en los ordenadores emergen desde el sistema operativo advertencias al usuario que tal o cual elemento requiere ser revisado o reparado, la salud mental de nuestros jóvenes, en esta coyuntura tan particular, necesita de nuestro esfuerzo y saber mancomunado.

Palabras a las familias

Cuando empecé con la hermosa tarea de escribir este libro y, a medida que los dedos repicaban una y otra vez sobre las teclas de mi teclado, los destinarios de mis palabras, los interlocutores de las reflexiones por mí vertidas, fueron ustedes, aquellos que cargan sobre sí el complejo y apasionante designio de ser padres. Sé que he sido un poco duro en algunos pasajes, y les pido disculpas si alguno se ha sentido objetado en demasía. También soy implacable conmigo, cuando me cuestiono respecto del ejercicio de mi propia paternidad.

Hace pocos días, en mi consultorio, una paciente que iniciaba su tratamiento me pedía que "no hiciera yo esa cosa que hacen los psicólogos, a menudo, de empezar a cargar culpas sobre los padres, porque ella no iba a tolerarlo y se iba a ir. Que los suyos hicieron algunas cosas mal, pero que no era por ellos que ella sufría lo que dice sufrir". La tranquilicé, le expliqué que yo no hablo de culpas; soy terapeuta y no juez. Sí creo en las responsabilidades, en el derecho y la obligación de ejercer de la manera más auténtica y responsable la paternidad.

Nos vamos a equivocar, y mucho. Y como dije muchas veces a lo largo de este libro, no es tarea fácil la nuestra. Entre otras cosas, a medida que los hijos crecen, vamos perdiendo, si las cosas marchan bien, control sobre ciertos ámbitos de sus vidas.

La madre de un niño de siete años me comentaba muy apenada su descubrimiento: "¡Ya no sabré si mi hijo se constipa o no!". Y es cierto, los padres de chicos de esa edad pierden control sobre los ritmos intestinales de sus hijos. El "¡mamá, ya hice!", a esa edad, sería preocupante. Y así es el camino de la independencia, digo y me disculpo por lo escatológico del ejemplo.

Un joven papá me contaba lo difícil que le resultaba dejar a su bebé con la señora que lo cuida. Despegarse no es fácil, pero nos ayuda y los ayudamos cuando podemos hacerlo.

Voy a remarcar una idea que apareció en varios lugares del libro. Si nuestros hijos nos ven de capa caída, derrotados y amargados, ¡qué duro les resultará animarse a salir al mundo! Entonces, el ser Ni-Ni, podemos concluir luego de todo lo expuesto, es una posición frente a la vida, una manera de pararse, aferrándose a un temor que detiene la marcha del tiempo. Viéndolo con detenimiento, podremos decir que en la madurez esta posición es frecuente. Muchos adultos resignados —es este uno de los rasgos de lo Ni-Ni—, siguen planteándose: "Qué puedo esperar yo con mis cuarenta años, lo que no logré hasta aquí ya no lo conseguiré…". Me resisto a avalar bajo ningún concepto este tipo de afirmaciones. Yo "solo" tengo cincuenta y cinco, ¡y tantas cosas aún por descubrir y enfrentar!, y agradezco eso.

En mi profesión he visto giros subjetivos conmovedores en pacientes con más de setenta años. No quiero aparentar un predicador que no soy pero, sin dudarlo, el convencimiento de que las cosas tienen solución y nada está perdido es una de las llaves para seguir adelante y con buen pie en esta vida.

Permitamos a nuestros chicos la posibilidad de que cuestionen, de que se equivoquen; no seamos temerosos en exceso, corramos riesgos, juguemos con lo imprevisible, ¡ellos se lo merecen!

Palabras a los jóvenes

Les he hablado menos de lo que imaginaba cuando comencé el libro. Quizás me dirigí más de lo pensado a sus padres, creo que ellos tienen mucho que ver con lo que ustedes hacen o dejan de hacer. Más pequeños son, más responsables los adultos, y viceversa. Pero también tengo la certeza de que todo ese enorme caudal de energía de la que disponen para enfrentar el desafío de la vida, para oponerse a lo que creen injusto, también puede ser usado de manera mucho más provechosa.

Cuando se quedan encerrados y atrapados en un enojo, "porque siempre me dicen que yo tengo el problema, y que no voy a poder crecer, entonces ¡tomen!, empiezo a trabajar". Trabajar sí, en el primer trabajo que encuentren, en ese que todos les desaconsejan, y aquel que van a abandonar a los pocos días, dando la razón a todos los que dicen que no lo van a lograr, que son inconstantes, que no saben lo que quieren. Desde la furia, nada bueno van a conseguir. Mejor ir pasito tras pasito y lograr que las cosas vayan girando hacia el color que desean.

Cuando trabajaba en rehabilitación de pacientes adictos, implementaba, como en tantos otros tratamientos de ese tipo, la actividad de huerta orgánica. Debía ponerme una cinta roja y una ristra de ajo para contrarrestar los insultos que, por lo bajo, mis queridos pacientes me proferían. Eran horas y días de trabajar la tierra, de desmenuzarla para que quedara esponjosa. Luego, otro tanto para prepararla para la siembra. Resultaba necesario el armado del invernadero para poder implementar la siembra escalonada y que en algún momento la cosecha pudiera ser continua. Cuidar delicadamente lo sembrado para, al cabo de largos meses, comer la primera ensalada de la huerta orgánica. "Con mucho menos, vamos a la verdulería y vas a ver qué sabrosa ensaladita prepararemos", solían decirme. Aquello era todo un desafío a la paciencia y la capacidad de espera. Y tenía sus frutos.

Propondría, si tuviera la potestad, que esta actividad se implemente en todos los colegios, teniendo cada ciudad una gran huerta por distrito en espacios comunes protegidos, y que los alumnos desarrollen, a través del contacto con la naturaleza, el ejercicio de disfrutar de la tarea cumplida. La huerta como símbolo de la capacidad de espera versus la impaciencia y el temor que los lleva a menudo a tomar caminos que simulan atajos.

Y acá me pondré en viejo Vizcacha[5]: a menudo me acusan de fundamentalista en cuanto a mi posición respecto del consumo de drogas. Posiblemente lo sea. ¿Pero saben?, he visto muchos jóvenes hacerse añicos por lo que, en principio, estaba "bajo control". El consumo de marihuana ya es legal en muchas partes del mundo. Les explico y sostengo que el fumar marihuana de tanto en tanto, con amigos, de forma social, es similar a pasear por una cornisa, ancha, desde un primer piso; nadie se va a matar si se tropieza y cae, pero sin dudas se romperá unos cuantos huesos. Nunca nadie puede saber si en algún momento de su vida las circunstancias lo llevarán a dejar de manejar lo que hasta ese entonces estaba dominado. El cannabis es una sustancia psicoactiva, genera alto grado de dependencia, y una persona en crisis —y lo he visto muchas veces— puede ceder e incrementar sin darse cuenta la frecuencia de consumo, hasta llegar a desarrollar

---

[5] El viejo Viscacha es un personaje astuto y avaro del poema gauchesco Martín Fierro del escritor argentino José Hernández, que se caracteriza por dar consejos.

un compromiso con la droga que ya no puede manejar desde su voluntad. Perdón por la perorata, pero es un tema que me preocupa, como profesional y como padre. Hay otras formas de pasarla increíblemente bien sin meterse sustancias en el cuerpo. Y lo mismo vale para el consumo excesivo de alcohol. Si no lo toman a mal, les contaré un cuento. Quisiera citar la fuente, no es de mi invención, pero desconozco el autor; supongo que es fruto del saber popular, como tantos otros relatos. Es el cuento de "La mariposa azul".

Dos pequeñas hermanas estaban bajo una suerte de tutoría de un anciano sabio y de larga barba blanca. Este fastidiaba a las pequeñas ya que siempre tenía respuestas a todas las preguntas —que eran muchas— que le proponían. Pícaras, las hermanas deciden inventar una situación en la que cualquier respuesta del sabio fuera errónea. Tomaron una mariposa azul y planearon. "La pondré en mis manos. Le preguntaré si la mariposa que llevo en ellas está viva o muerta. Si responde que viva, aprieto sin que sean perceptibles mis manitos y la mariposa morirá. Si dijera que está muerta, solo las abro y la dejo volar. ¡No tendrá manera de acertar!" Fueron entonces al encuentro del sabio y le formularon la pregunta. El anciano sonrió con inmensa ternura, acarició la cabellera de la pequeña y respondió: "Depende de ti. Está en tus manos". Una vez más tuvo razón.

Este sencillo cuento esconde una de las cuestiones primordiales de nuestra existencia. Gran parte de nuestro destino depende de lo que hagamos o dejemos de hacer. No me animo a decirles que todo va a andar bien, como a veces les decimos a nuestros pequeños antes de ir al doctor, no todo sale de maravillas en la vida, también hay sufrimiento.

Escucho que muchas veces despotrican contra lo infelices que son sus padres, lo descontentos que los ven, que hacen cosas que no tienen ganas de hacer, que se pasan el tiempo pensando en lo que vendrá y deseando que lo que está sucediendo transcurra pronto, como si estuvieran en un sillón de odontólogo, ansiosos por que les diga: "puede hacer un buche". Lamento decirles que tienen, en parte, la razón. La generación de sus padres no ha encontrado, en mucho de los casos, la forma de vivir como ellos quieren. La situación los ha superado en algunos aspectos de su vida. Si el destino fuera repetir el modelo de infelicidad que ustedes suponen en sus mayores, quizás podría apagar el ordenador ya mismo y suspender esta idea mía de escribir este libro. Pero no lo haré de ninguna forma. Sé y veo que muchos de estos adultos han podido encontrar la manera de que este automóvil que es la vida deje ya de ser un carromato que se sacude como autobús antiguo en camino de tierra. Y lo han transformado en un confortable vehículo que los llevará a donde ellos quieran. Y, lo que es más importante, ¡ellos mismos conducen! Si sus padres están en el grupo de los que no han podido, entonces inténtelo. No por ellos, sino por ustedes mismos. Y no vayan por la vida como pisando huevos, temerosos, timoratos. Respiren profundo y caminen con el paso firme, que tienen con qué.

En la vida, cuando decidan dar un paso importante, no les sucederá como en las montañas rusas, a las cuales decididamente rehúyo. En estas atracciones, cuando el cinturón de seguridad baja y el carreteo comienza, ya no hay manera de pedir que se detenga, por más temor que se tenga. Si levantamos los brazos o gritamos, podrá ser interpretado como parte de la emoción y adrenalina que la situación produce. "Paren el mundo, me quiero bajar" no vale en esta situación. Sí, en lo cotidiano. Si empiezan algo, y por lo que sea sienten temor, dudas o se arrepienten, podrán detenerse, se los aseguro.

La pereza y el susto de no empezar no son buena cosas... "Vivir como si nunca fuéramos a morirnos no está mal", podría decirme algún desprevenido. "No es bueno", diría yo. Esta manera de ver la vida no da cuenta de la riqueza y de lo esencial del vivir. Debemos proyectar, concretar y decidir, porque no tenemos toda la eternidad para ello. No da lo mismo empezar una actividad la semana próxima que intentarla el año siguiente; no da igual dejar de fumar ahora que esperar a estar en una etapa más relajada de la vida que quizás nunca llegue. Nunca será el momento ideal; los momentos apropiados son todos y ninguno, depende de la perspectiva. "Al día siguiente, no murió nadie", dijo el maestro Saramago en esa obra maravillosa que es *Las intermitencias de la muerte*, y si la leen —y recomiendo que lo hagan—, sabrán que lo que siguió estuvo lejos del paraíso. Los invito tan solo a un cambio de letra; en lugar de rebelarse, revélense a ustedes mismos el camino de su propia historia, pueden hacerlo si pierden el miedo. Les digo siempre que la pasión está intacta dentro de cada uno de ustedes, no dejen de buscarla, se los pido.

Así de sencillo, así de complejo. ¡Difícil, pero no imposible!

BIBLIOGRAFÍA

Bauman Zygmunt, *Miedo Líquido*, Paidós, Barcelona, 2007.

Bettelheim Bruno, *Educación y vida moderna. Un enfoque psicoanalítico*, Crítica, Grupo Editorial Grijalbo, Barcelona, 1982.

Bleger José y otros, *La identidad en el adolescente,* Editorial Paidós-Asappia, Buenos Aires, 1973.

Dahl Roald, *Charlie y la fábrica de chocolates,* Santillana Ediciones, España, 1964.

Dolto Françoise, *La dificultad de vivir 1 - Familia y sentimientos,* Editorial Gedisa, 1981.

Freud Sigmund, *Más allá del principio del placer. Formulaciones sobre los dos principios del acaecer psíquico, Obras Completas*, Editorial Biblioteca Nueva, Madrid, 1948.

Mannoni Maud, *El niño, su enfermedad y los otros,* Ediciones Nueva Visión, Buenos Aires, 1976.

Schujman Alejandro, *Columnas publicadas en Colección "Como ser Padres hoy"*, Page SRL y Edisur para Chile, 2010.

Winicott Donald W., *El proceso de maduración en el niño,* Editorial Laia Psiquiatría, Barcelona, 1965.

Winnicott Donald W., *Realidad y juego,* Granica editor, 1972.

DATOS DE CONTACTO

✉ lic.aschujman@gmail.com

⬤ @alejandroschujman

ⓕ /Ale Schujman